# ARSÈNE SALLANDRE

**LILLE**

L. LEFORT, IMPRIMEUR — ÉDITEUR

PARIS, Ad. LECLÈRE, rue Cassette, 29

Nº 463
2ᵉ livraison
1861

# ARSÈNE SALLANDRE

Je le dirai à votre maman.

# ARSÈNE SALLANDRE

SOUVENIR

D'UN ÉLÈVE DE L'INSTITUTION SAINT-CHARLES DE CHAUNY

SUIVI D'UN

DISCOURS SUR LE RESPECT DANS L'ÉDUCATION;

**PAR M. L'ABBÉ VINCENT**

SUPÉRIEUR DE L'INSTITUTION SAINT-CHARLES.

## LILLE

L. LEFORT, IMPRIMEUR - LIBRAIRE

M D CCC LXI

*Tous droits réservés.*

J'ai écrit la notice d'*Arsène Sallandre*
comme un souvenir, destiné uniquement
à nos élèves, d'un condisciple justement
regretté. J'avais cru trouver, surtout dans
sa mort si chrétienne, un caractère
exceptionnel de foi, dont je tenais à conserver la mémoire au milieu de nous. Cinq
ans vont être écoulés depuis le jour où Dieu
a appelé à lui ce vertueux jeune homme,
et toutefois il m'a semblé que je pouvais
encore utilement le faire connaître en de-

hors même de l'enceinte de notre collége. Telle est la pensée qui me guide à cet instant. J'ai retouché légèrement les pages que j'écrivais en 1856, afin de retirer de cette publication quelques lignes trop exclusivement destinées à nos élèves : mais j'ai laissé à l'ouvrage sa physionomie primitive, et je prie Dieu de permettre qu'il ne soit point lu sans quelque fruit.

Saint-Charles de Chauny, le 12 juillet 1860.

# ARSÈNE SALLANDRE

## I

> Une statue est cachée dans le bloc de marbre... La figure est dans la pierre... le sculpteur seul la trouve. L'éducation est, pour l'âme humaine, ce que la sculpture est pour le bloc de marbre.
> *Trad. de l'anglais de J. A.*

Je consacre aujourd'hui [1] quelques pages à la mémoire d'un enfant bien-aimé. Ce n'est pas

[1] 5 février 1856.

seulement un souvenir d'affection que je veux
épancher dans ce petit travail ; ce n'est pas seulement, non plus, une consolation que je prépare à
une famille qui pleure sur une tombe prématu-
rément ouverte : ceux qui ne sont plus doivent
encore une leçon à ceux qui survivent.

Il est des morts qui ne nous disent que les horreurs du trépas , le néant des choses humaines, le
triste naufrage de toutes les vanités terrestres :
heureux celui qui meurt et dont le nom élève vers
le ciel nos yeux et nos pensées ! Ne comptez point
le nombre de ses années, il aura toujours assez
vécu.

Peut-être n'est-il personne que ne puisse recueillir quelque profitable enseignement dans le
récit que contiennent ces pages. Cependant c'est
pour les élèves dont la Providence nous a confié
le soin qu'elles ont été particulièrement écrites.
Ils y trouveront sur celui qui fut le compagnon
de leurs plus belles années , quelques souvenirs
déjà vivants dans leurs cœurs. Je veux surtout
qu'ils y rencontrent d'utiles leçons , que la mé-

moire de leur ami rendra pour eux plus per-
suasives.

La parole, en effet, agit avec puissance sur
l'homme, mais l'exemple est plus efficace encore.
Enfants, jeunes hommes, nous vous devons l'enseignement de la parole; et bien avant les lettres,
les sciences et les arts, nous avons toujours
placé, vous le savez, les préceptes de la vertu
et de la vie chrétienne. Cependant, lorsque nous
nous efforçons d'appeler la persuasion sur nos
lèvres et de verser dans vos âmes nos plus ar-
dentes convictions, nous n'ignorons pas qu'il est
pour vous un langage plus éloquent encore. Nous
savons que l'action vous séduit et vous entraîne;
par une heureuse influence, vous devenez mutuellement vos guides et vos soutiens. Aussi notre
cœur est-il rempli d'une douce joie en contem-
plant ceux d'entre vous dont la vie plus irrépro-
chable devient pour tous un suave parfum qui
les attire vers le bien.

Tel est le bienfait d'une éducation qui réunit
dans la même enceinte et assujettit aux mêmes

travaux un grand nombre d'élèves. Une généreuse émulation les excite, le bon exemple des
plus courageux devient la force des plus faibles;
et dans ce corps nouveau qui vit d'une commune
existence, on sent couler à flots une noble ardeur,
sève de toutes les vertus. C'est donc beaucoup
pour le maître d'avoir produit du trésor de son
âme un salutaire enseignement; c'est mille fois
plus encore que sa parole se grave dans le cœur
d'un seul de ses élèves, dont la conduite en reflétera tout l'éclat.

Quel bonheur a été le nôtre, chaque fois que
nous avons ainsi trouvé au milieu de nos enfants
quelques âmes d'élite! De quel amour nous entourons ces jeunes cœurs, pleins de candeur et
d'innocence, si dociles aux leçons de la vertu;
ces jeunes élèves déjà si fermes, si noblement
fiers dans les voies rudes de la vie chrétienne!
Enfants, vous êtes notre plus douce joie; vous
êtes les coopérateurs de notre apostolat; vous
êtes le levain qui fait fermenter et soulève toute
la masse. Serrez vos rangs près de nous, et que

chaque jour voie s'étendre vos conquêtes, qui sont les nôtres.

Serrez vos rangs, car la lutte est difficile et la victoire coûteuse. S'il est des âmes qui sortent des mains du Créateur riches des dons les plus précieux, combien en est-il aussi de moins heureusement douées ! Que de dissemblances, parmi vous, dans les inclinations, les goûts, les attraits, les passions ! Dans les uns, penchant et facilité pour la vertu ; dans les autres, pente redoutable vers les défauts et les vices. La variété prodigieuse des traits extérieurs peut seule offrir une image de cette immense diversité intellectuelle et morale.

Toutefois, il n'en est pas des dispositions originaires comme des dehors matériels. Ceux-ci ne seront jamais modifiés par la volonté, que légèrement et à grand'peine : l'âge les développera sans nous, et peut-être malgré nous, c'est-à-dire en dépit de toutes les ressources de l'art et de tous les artifices de la vanité ; en tous cas, les efforts de l'homme ne peuvent qu'aider faiblement le travail de la nature. Mais, au contraire, l'enfant le plus heureusement né, le plus magnifiquément doté, n'a reçu encore que le germe de ces brillantes qualités. Il est réellement la statue déjà vivante aux yeux de l'artiste, mais renfermée encore dans l'enveloppe de pierre dont la pensée seule la dégage à l'avance. Qu'importe donc la pureté du marbre, la finesse et la blancheur de son grain, si le ciseau du sculpteur ne vient délivrer peu à peu, des entraves qui l'enlacent, la figure ou l'image captive sous un bloc informe?

Mais le marbre appartient au statuaire; il en fera jaillir, à son gré, les diverses conceptions de son génie. Ainsi en est-il de l'éducation pour l'enfant. Sans l'éducation le meilleur naturel restera enseveli en lui-même; sous une direction vicieuse il se perdra, quoique moins vite peut-être ou moins profondément qu'une autre nature plus imparfaite : au contraire, l'éducation peut réformer insensiblement les plus tristes caractères; par son travail, les passions, même déjà enracinées, disparaîtront peu à peu ou se transformeront, si elles sont du nombre de ces défauts qui peuvent devenir, pour ainsi dire, l'occasion d'une vertu.

L'éducation, en ce sens, c'est toute chose dont l'action rejaillit sur l'enfant ; c'est l'influence première du lait maternel ; c'est. l'atmosphère du foyer domestique ; c'est le contact de toute pensée, de toute parole humaine ; c'est tout exemple donné ; c'est le milieu dans lequel se fait le développement des forces physiques, des forces intellectuelles et des forces morales. L'éducation, c'est l'enseignement à tous ses degrés, depuis le chaud baiser de la mère qui instruit en caressant, depuis la parole douce et grave du père, jusqu'aux plus hautes leçons de la sagesse humaine et de la sagesse divine. L'éducation, c'est l'influence de la famille, l'influence du précepteur, l'influence de la société et de la nationalité ; l'influence de l'époque et du siècle ; l'influence domestique, l'influence civile, l'influence religieuse.

Oui, l'éducation fait l'homme tout entier. Elle se concilie sans doute en lui avec les droits de la liberté : en rigueur, l'homme pourrait se soustraire à cette action et lutter contre elle ; mais en réalité, il la subit à son insu et en reçoit habituellement sa forme propre.

Heureux l'enfant que Dieu a doué d'une nature privilégiée, et que les soins les plus tendres et les plus éclairés ont prévenu et guidé dès le berceau ! Au sortir des mains paternelles, s'il a trouvé, pour le recevoir, des maîtres dévoués et chrétiens ; s'il a quitté le sanctuaire de la famille pour un autre asile, sauvegarde de son innocence, solitude pure et vivifiante à l'abri du souffle mauvais de l'irréligion et de l'immoralité, il croîtra doucement, jeune arbrisseau planté le long des eaux vives ; il promettra dès son printemps les fruits réservés à l'âge de la maturité.

Ainsi avions-nous reçu, il y a plusieurs années déjà, un enfant d'heureuse espérance, âme pure, nature candide et naïve. En lui nous trouvions les plus belles qualités. Mais il ne devait pas appartenir longtemps à la terre : Dieu, sans doute, le préparait pour lui seul, et devait *se hâter de le retirer de ce monde d'iniquité.*

Il lui a été donné de parcourir presque en

entier le cercle des études classiques ; mais au moment où ses frères, armés pour les luttes de la vie par les longues années de l'éducation, entraient dans cette carrière si fertile en écueils, si féconde en naufrages ; lui, déjà, atteignait le terme dernier. Il quittait l'arène avant le combat, couronné, non pour la victoire remportée, mais pour la volonté de vaincre. Combien nous l'aimions quand il était au milieu de nous ! La mort ne lui a rien retiré de notre affection ; sur sa tombe je veux déposer un souvenir et répandre des fleurs, emblèmes de l'innocence et de la charité.

> . . . . . . Manibus date lilia plenis,
> Purpureos spargam flores. . . . . .
>
> VIRG.

# II



ARSÈNE SALLANDRE naquit à Faverolles, près Ville-en-Tardenois, dans le département de la Marne, le 8 octobre 1837.

Son père et sa mère descendaient tous deux d'une même famille, originaire de Chalandry-en-Laonnois.

Du haut de la montagne de Laon, l'œil aime à contempler l'espace immense qui s'étend vers le nord. A l'abri, pour ainsi dire, de l'antique cité, dans un rayon de quatre ou cinq lieues, ces plaines fertiles sont animées par de nombreux

villages. C'est là une des plus intéressantes por-
tions de l'ancien diocèse de Laon, jadis pays de
foi et de pratique religieuse.

Le travail de notre époque est d'altérer sous
toutes les zones la physionomie caractéristique de
chaque pays pour en ramener tous les traits à un
type commun qui détruit toute originalité. Chaque
nation, chaque province, chaque agglomération
de village avait autrefois ses mœurs, son aspect,
sa vie particulière : l'activité du siècle efface peu à
peu ces tons si tranchés et confond toutes les
nuances en une même teinte.

Cependant il reste encore, en chaque pays, des
familles qui semblent avoir recueilli l'héritage de
toutes les traditions des ancêtres.

On aime à les entourer de respect, parce qu'elles
sont les dépositaires du passé et qu'elles reportent
aux temps anciens la population qui grandit autour
d'elles.

Arsène Sallandre appartenait à une de ces
familles patriarcales où la religion est réellement
pour l'homme un pain quotidien ; ceux qui la

composent aujourd'hui aiment à remonter dans un passé de plus de deux siècles, jusqu'à la septième ou huitième génération; ils conservent avec vénération les noms de leurs pères et leurs titres. Ces titres, ce sont les bons exemples d'hommes laborieux, d'un sens juste et droit, qui, d'année en année, ont cultivé et amélioré l'héritage de la famille; amenant ainsi le bien-être de leurs vieux ans, en même temps qu'ils transmettaient à leurs fils l'honnête aisance qu'ils avaient reçue de leurs pères. Les bénédictions de Dieu descendant alors de l'aïeul sur le fils et le petit-fils, s'étendent de génération en génération. L'enfant reçoit en naissant le précieux héritage de la vertu. Elle est dans son sang; elle imbibe son petit être. Tout ce qui peut la blesser, le blesse lui-même et le blesse instinctivement. Arsène avait deux ans, qu'un homme s'oubliait devant lui. L'enfant étonné lui adressa cette parole : « Je le dirai à votre maman. »

Connaissez-vous rien de plus touchant que ce mot si naïf? Eloge sublime d'une mère dans ce cri spontané! Il regardait une mère comme la sauvegarde de toutes les vertus, dont il voyait en la sienne la douce image. Il s'imaginait, sans doute, qu'à tout âge de la vie, il suffit d'un regard maternel pour remettre dans la voie du bien l'homme un instant égaré. Cher enfant, comme tu présumais de nous! Tu ignorais que l'enfant est bien souvent meilleur que l'homme.

Dès l'âge de deux ans, Arsène, dont les facultés se développaient avec une rare précocité, fréquentait la modeste école du village. Son plus bel éloge, pour un âge aussi tendre, c'est que déjà il était pieux. La fleur naissante dirige d'elle-même vers le soleil sa corolle entr'ouverte. Tel est dans l'âme humaine l'instinct de la vertu ; elle se tourne naturellement vers Dieu. N'en soyons pas surpris : le cœur de l'enfant chrétien est à Dieu par la grâce, avant que son intelligence soit à lui par la réflexion.

Il vénérait avec amour le signe sacré de la rédemption, s'attristait un jour devant les ruines d'un calvaire à demi détruit, et consacrait une autre fois le peu d'argent qui lui était donné à acheter lui-même une petite croix qu'il aimait à contempler, comme si déjà quelque chose de l'ineffable mystère du salut était révélé à sa raison naissante.

En 1841, son père cédait l'étude de notaire qu'il gérait à Ville-en-Tardenois, et se retirait, avec sa famille, à Colligis, petit village délicieusement situé dans une pittoresque vallée qu'arrose l'Ailette, à deux ou trois lieues de Laon.

Toutes les vies d'enfants se ressemblent. Ce sont les mêmes jeux, les mêmes essais dans les voies laborieuses de la science humaine, les mêmes plaisirs, les mêmes larmes, sitôt venues, sitôt séchées. Mais pourtant, ce n'est déjà plus pour tous la même innocence, la même simplicité; ce ne sont plus les mêmes espérances. Sur cette esquisse à peine ébauchée, les grands traits de la vie se distinguent déjà et s'impriment profondément. Pendant sept années, jusqu'à la fin de juin 1848, Arsène fut tour à tour l'élève de plusieurs écoles de village, d'une petite pension, et enfin du collége de Laon, où il commença ses études classiques.

Sa santé, à cette époque, indiquait déjà la nécessité de précautions sérieuses. L'air de Laon surtout était trop vif pour sa poitrine délicate. Dieu, qui ne voulait lui laisser la vie que juste assez de temps pour que cette fleur fût cueillie dans tout l'eclat de son printemps, Dieu allait confier uniquement à ses prêtres le soin de pré-server ce jeune cœur de toute atteinte des pas-sions et de l'orner de la maturité précoce des plus belles vertus.

Un parent, un ami de M. Sallandre, M. l'abbé Turquin, alors curé de Voyenne, reçut ce dépôt précieux. Pendant une année, Arsène resta près de lui, croissant en âge, en science et en piété, *aimé de Dieu et des hommes.* Cette année fut celle de sa première communion.

Epoque fortunée de la vie ! Jour à jamais marqué par un souvenir impérissable, entre tous ceux que Dieu nous accorde ! C'est l'heureux mo-ment qui transforme l'enfant, qui révèle à son cœur quelque chose de la vie telle que Dieu la veut pour l'homme, vie au-dessus de la nature et des sens, vie d'union cœur à cœur avec Celui qui est le souverain bien, le vrai, le beau, le bon par essence. Heureux moment des plus délicates impressions, des joies les plus pures ! Il n'est pourtant encore que le premier regard vers les horizons infinis. Pourquoi donc tant d'hommes détournent-ils aussitôt la tête, dédaignant les splendeurs immortelles ?

Comment Arsène se prépara-t-il à cette grande action ? quelles en furent les circonstances ? Je ne puis mieux le dire qu'en empruntant ces détails touchants à une lettre que voulut bien m'écrire M. l'abbé Turquin.

« Dès les premiers jours de son entrée chez moi, je fus à même d'apprécier tout ce qu'il y avait d'heureuses dispositions dans le cœur de cet enfant. Il avait un goût sensible pour la piété, dont son jugement lui révélait déjà toute l'excellence.

» Aussi, lorsque je lui faisais entendre quelquefois que la piété est utile à tout, qu'elle a les promesses de la vie présente aussi bien que celles de la vie future, il se prenait à regretter de n'avoir pas mieux compris jusqu'alors une vérité aussi claire. « Eh quoi ! me disait-il avec ce bon sens

» et cette naïveté que vous aurez sans doute ad-
» mirés en lui bien des fois, nous voulons
» faire des progrès dans les sciences, et nous
» négligeons de connaître la religion ! Pourtant
» nous ne vivrons pas toujours, et quand nous
» serons morts, à quoi nous servira le grec ou le
» latin, si nous sortons de ce monde sans avoir su
» le chemin qui conduit à la vie éternelle ? »

» Ces réflexions si sérieuses d'un enfant si jeune font bien voir ce qu'il devait penser d'une première communion et des dispositions qu'il pouvait y apporter.

» Plus le jour approchait, plus sa ferveur devenait grande et sa foi vive ; et plus il multipliait ses prières. Je l'ai vu bien des fois renoncer à ses récréations, qu'il aimait tant, et se rendre à l'église avec tout le sérieux de l'âge mûr, pour y adorer Jésus-Christ, lui exposer ses besoins et le vif désir qu'il avait de le recevoir. Son bonheur aussi était de se mettre à genoux au pied de l'autel de la sainte Vierge, pour obtenir par elle toutes les grâces qu'il demandait. Il n'agissait point de la sorte pour s'attirer des éloges, il tâchait, au contraire, de les éviter. Quand je lui demandais d'où il venait, il me disait la vérité en toute simplicité et il ne manquait pas d'ajouter aussitôt : « Je ne » fais rien de trop pour Notre-Seigneur, qui nous » a tant aimés. Quand on pense qu'il se fait un » bonheur de descendre dans nos cœurs, on de- » vrait être tout brûlant d'amour pour lui. »

» Il me disait une autre fois : « Comme les » hommes sont insensés ! ils trouvent du bonheur » dans des fadaises, et n'en trouvent pas dans la » sainte Eucharistie ! »

» C'était un ange de pureté ; cependant, dans les jours qui précédèrent sa première communion, il paraissait s'abandonner beaucoup trop à l'inquiétude. Je le surpris un jour versant des larmes en abondance ; et comme je lui en demandais ami-

calement la raison, « Je ne fais rien pour bien
» recevoir Jésus-Christ dans mon cœur, me ré-
» pondit-il ; il faut bien d'autres dispositions que
» les miennes ! Que de misères, que d'imperfec-
» tions je vois au dedans de moi ! Et puis, je
» crains de ne pas me faire bien connaître à mon
» confesseur ; je crains qu'il ne me juge pas aussi
» coupable que je le suis. » Je le rassurai alors,
lui disant qu'il fallait marcher avec une entière
confiance en la bonté de Dieu. « Oh ! Dieu est
» bien bon, reprit-il, mais c'est parce qu'il est
» bon que je regrette tant de l'avoir offensé. Je
» ne voudrais avoir aucune tache dans mon âme
» quand il viendra en prendre possession. »

» On sera peut-être surpris de voir tant de sens
dans un enfant si jeune. Je l'ai déjà dit, le jeune
Arsène devançait son âge. Il avait commencé ses
études de bonne heure. Son père et sa mère avaient
pris l'heureuse habitude de lui rendre raison de
tout et de lui faire envisager sérieusement toutes
les choses de la vie.

» Hélas ! il a vérifié cette maxime populaire,

qu'*un enfant trop précoce ne vit pas de longs jours.*
Mais, pour lui, peu lui importait de vivre longtemps, pourvu qu'à la fin il sauvât son âme.

» Un jour que nous nous entretenions fami-
lièrement ensemble sur le bonheur de servir Dieu,
charmé des sages réflexions qu'il me faisait, je
m'aventurai à lui dire : « Eh bien, Arsène, supposé
» que tu eusses à choisir entre un péché mortel et
» la mort, que ferais-tu ? — Ah ! mon cousin,
» reprit-il aussitôt avec la franchise que vous avez
» dû lui reconnaître, me croyez-vous bien em-
» barrassé pour vous répondre ? — Mais il me
» semble que c'est encore assez embarrassant ; car,
» enfin, tu as de la fortune, des talents, l'amour
» du travail ; tu peux avoir une belle position dans
» le monde, y être honoré, estimé, et jouir
» agréablement de la vie dans votre belle maison
» de Colligis. — Oui, me dit-il, tout cela est
» beau, mais après, que m'arrivera-t-il ? — Ce
» qui arrive à tout le monde, après la vie, c'est
» la mort. — Alors je serai bien avancé, n'est-il
» pas vrai, avec mon péché mortel sur la cons-

» cience ? Vous voyez bien , mon cousin , que
» j'aime mieux mourir mille fois que de commettre
» un seul péché mortel ! » Je ne me tins pas pour
battu : « Quand tu seras pour mourir , ajoutai-je ,
» tu te confesseras. — Et si je suis surpris ; et si
» le bon Dieu, à cause de mes infidélités, ne me
» donne pas la grâce de la contrition ? Oui, je vous
» le répète , j'aimerais mieux la mort. »

Je ne puis m'empêcher d'interrompre ici le délicieux récit que je transcris, pour dire que la volonté si arrêtée du jeune Arsène de ne jamais compromettre son âme par un péché mortel est précisément le caractère dominant de sa vertu pendant sa vie et à sa dernière heure. C'est cette pensée qui lui a fait accepter avec joie une mort que le monde jugerait si douloureuse et si cruelle. C'est de cette pensée, si noblement exprimée et consacrée par le généreux sacrifice d'une vie riche d'avenir, que ressort l'enseignement le plus utile que puisse nous offrir la mémoire d'Arsène Sallandre.

Retrouvons-le quelques instants encore tel que nous le dépeint la bonne lettre déjà citée.

« Il fallait le voir la veille et le jour même de
sa première communion. Quel recueillement !
quelle ferveur ! quelle foi vive ! Les plus petits
détails sont grands quand il est question d'un
enfant. On le complimentait sur ses habits de première communion. « Ce n'est pas cela qu'il faut
» voir, reprit-il aussitôt, l'essentiel est de pré-
» parer une belle habitation à Notre-Seigneur. —
» Mon cousin, me disait-il encore quelques jours
» auparavant, papa et maman vont arriver ; je les
» aime beaucoup, je crains de m'entretenir avec
» eux trop longtemps et d'oublier Notre-Seigneur.
» Tâchez que je ne les voie pas beaucoup le jour
» de ma première communion, afin que je sois
» tout entier à Jésus-Christ. Je prierai beaucoup
» pour eux, et le lendemain je leur prouverai bien
» que ce n'était point par indifférence que je n'é-
» tais pas avec eux. »

» Aussi, le jour de sa première communion,
aussitôt après le dîner de famille, son premier soin
fut-il d'aller à l'église s'entretenir avec le Dieu
qu'il avait reçu.

» C'est avec les mêmes dispositions qu'il reçut quelques jours après le sacrement de confirmation.

» Bientôt ensuite, il me quitta, et il vous fut confié. C'est à vous, monsieur, de nous dire s'il a profité de sa première communion ! »

Heureux effets d'une bonne éducation ! heureux effets d'une bonne première communion ! Heureux enfant d'avoir eu des parents chrétiens ! ils ne l'ont pas perdu pour toujours, j'en ai la douce confiance.

Au mois d'octobre 1849, Arsène Sallandre entrait à l'institution Saint-Charles de Chauny pour y suivre les cours de cinquième.

# III

*Sapientiam et disciplinam qui abjicit,
infelix est : et vacua spes illorum, et
labores sine fructu, et inutilia opera
eorum.*

Celui qui rejette la sagesse et la discipline est malheureux : ses espérances sont
vaines, ses travaux sans fruit, et ses
œuvres inutiles.          SAP. III. 11.

Celui-là se résigne à courber les épaules sous
un lourd fardeau, qui accepte la difficile mission
de diriger les autres par l'éducation. Pourquoi ?
C'est que notre nature est ennemie de toute contrainte. C'est que le jeune âge résiste, plus vio-
lemment encore que tout autre, au frein qu'on lui
impose. Depuis la première dégradation de l'homme,
un combat étrange est engagé entre le ciel et la

terre ; c'est une lutte entre Dieu même et tout homme venant en ce monde. Dieu est *la voie*, *la vérité et la vie* ; sans cesse il attire l'homme vers lui avec une inépuisable charité ; mais l'homme oppose à la lumière les ténèbres de son ignorance, à l'élan qui le sollicite au bien la pesanteur d'un corps corrompu, à la divine volonté sa liberté dont il abuse. Et puis, quelle malheureuse avidité pour tout ce qui est jouissance ! Comme les sens parlent haut et réclament impérieusement leur nourriture !

Malheureux donc celui qui dès l'enfance rejette la sagesse et la discipline, *quoi qu'il soit bon pour l'homme d'en porter dès lors le joug*. Car ses passions ne seront point comprimées ; toujours elles le domineront. Homme fait, il sera sans énergie sur lui-même ; loin d'être un chrétien, il ne sera pas même un homme.

Elles sont si douces les espéranees du jeune âge ! l'avenir se présente avec des couleurs si brillantes et si pures ! Qui dira toute l'ardeur des brûlantes aspirations du jeune homme ? qui dira cette exubérance de forces avec laquelle il se précipite dans la vie? Mais s'il a rejeté la sagesse et la discipline, *son espérance est vaine :* ce n'est plus qu'une lueur mensongère, un météore trompeur. Laissez toute espérance, vous qui entrez dans la vie par la porte large de la licence ; il ne vous reste qu'un mot : illusion, déception.

Vous vous agitez, vous vous consumez en labeurs pénibles : *Mais vous êtes semblables à l'insensé qui bâtit sur le sable mouvant.* Amoncelez vos matériaux et vos fatigues ; plus haut sera l'édifice, plus grande sera la ruine. *Vos travaux seront sans fruit ;* car *qui sème le vent moissonnera la tempête.*

O jeunes gens si pleins d'avenir, comprenez donc vos véritables intérêts. Celui-là seul travaille réellement, dont l'œuvre ne meurt point avec le temps. Ne perdez point cette vie, présent magnifique que Dieu livre à votre libre action, mais qu'il ne vous abandonne point sans retour. Acceptez le joug d'une contrainte salutaire, domptez vos passions, pour être des hommes ; courbez devant

Dieu votre esprit et votre cœur, pour être des chré-
tiens ; soyez ici-bas les disciples de la croix , pour être des saints. Autrement vous travaillerez , vous souffrirez , et *ces œuvres seront inutiles.*

Ces leçons sont dures pour l'homme : il accepte difficilement de gravir le rude sentier par lequel il doit marcher, *jetant sur ses pas dans la dou- leur et les larmes les germes de son immortalité.* Plus dures encore sont ces leçons pour l'enfant et pour le jeune homme. O précepteurs, ô maîtres, à nous cependant de donner cet enseignement , de le faire pénétrer profondément et d'en affermir les racines. Voilà pourquoi notre tâche est si lourde. Trop souvent nos efforts ne sont couronnés que d'un succès incomplet ; mais quelquefois aussi notre récompense est bien douce. Lisez et jugez.

Arsène Sallandre, tel que nous l'avons vu arri- vant au milieu de nous , ou plutôt tel que nous l'avons toujours connu , était un aimable enfant , d'une figure douce et intelligente. Sa physionomie mobile, son regard animé et pénétrant , le jeu de toute son organisation indiquaient tout à la fois chez lui la vivacité de l'esprit et l'irritabilité nerveuse du tempérament. Il est toujours resté de taille médiocre : ses traits sans être beaux, parce qu'ils manquaient de régularité , éveillaient aisément la sympathie. J'aimais surtout son regard , expression profonde de toute son âme. Plein de franchise et de candeur , il avait besoin , pour ainsi dire, d'être sûr de celui avec qui il s'entretenait. Ses yeux, un peu voilés dans leur orbite, descendaient doucement en vous et semblaient vous interroger jusqu'au fond du cœur. Sa voix, vive et perçante quand il parlait, avait, lorsqu'il chantait , de la pureté et de la grâce : dans les chants religieux, lorsqu'elle s'élevait seule vers Dieu , au milieu du recueillement de tous , il nous impressionnait profondément , parce que ces accents partaient du cœur et vibraient comme l'expression énergique de sa foi et de sa piété.

Pourquoi rappeler ici les souvenirs des yeux et des sens ? Il n'y a pour l'homme aucun mérite dans les dehors corporels. Il est vrai ; aussi je ne cherche sous ces formes que la pensée et le cœur dont elles

sont l'image ; pourtant, loin de moi d'en repousser
le légitime attrait, j'aime mieux rèdire avec le
poëte latin, qu'un beau corps prête à la vertu des
charmes nouveaux :

Gratior et pulchro veniens in corpore virtus.   Virg.

Pendant les premières années passées avec nous,
Arsène avait toute l'amabilité naïve du jeune âge,
et cette gentillesse pleine de simplicité et d'abandon
qui fait aimer l'enfance : avec ses maîtres, confiance douce et affectueuse ; avec ses camarades,
vivacité, besoin de jeu et de mouvement. Il savait
exciter et provoquer ses jeunes amis par de char-
mantes agaceries, de bienséantes taquineries d'enfant, qui sèment la vie et la gaieté dans les joyeuses
récréations du collége. Mais jamais il n'a fait peine
à nul d'entre eux ; un tact exquis, le tact du cœur,
réglait à son insu ce que son esprit avait d'entraînement et de précipitation.

Peu à peu, cependant, cette fougue légère s'a-
paisa. L'âge de la croissance développa en lui, avec

la terrible maladie qui l'emporta, une grande exci-
tation nerveuse. Sous cette influence son caractère
se modifia assez rapidement. Pendant ses cours de
seconde et de rhétorique, il n'était plus seulement
jeune enfant au délicieux babil ; sous des apparences qui avaient peu changé , il cachait désormais
une profonde sensibilité. Il était en proie à une mélancolie rêveuse qui exaltait la délicatesse de ses
pensées et de ses sentiments. Des larmes , dont il
ignorait la cause , étaient pour lui un besoin qu'il
ne pouvait expliquer.

Que de fois je l'ai vu passer auprès de moi de
longues heures , en proie à cette tristesse qui le dé-
courageait d'abord , parce qu'il ne la comprenait
pas. Mais bientôt doucement transformée par une
parole amie , elle devenait pour lui comme l'entrée en une sphère nouvelle. Son âme s'élevait
alors au-dessus des puérilités de l'âge ; il entre-
voyait la vie ; tout son cœur s'agrandissait en mon-
tant jusqu'à Dieu. C'est chose belle et émouvante
de contempler ainsi les aspirations d'un cœur pur
qui s'entr'ouvre à l'existence , qui se penche avec

une naïve curiosité vers les joies de la terre, et qui déjà instinctivement n'y pressent que le vide et même la perte de quelque dignité. Comment des larmes ne s'échapperaient-elles point de cette poitrine oppressée, de ces yeux qui interrogent toutes choses avec anxiété ? Mais qu'il est doux aussi de relever cette jeune âme qui souffre sans se comprendre, que l'imagination seule a déjà blessée avant qu'elle ait ressenti les déchirements de la réalité ! Qu'il est doux de lui murmurer tout bas, comme l'écho d'elle-même, que la terre est peu de chose, que désormais il lui faut davantage, que l'abîme de son être appelle un autre abîme, et qu'il est un amour que l'homme paie par des sacrifices d'un jour et qui vit à jamais !

Cette mélancolie de l'âme n'est autre chose que le sentiment inné de notre grandeur et la conviction de notre exil ici-bas. Oui, elle est chrétienne cette tristesse qui nous dégage de la terre et nous porte vers Dieu. Loin du sol de la patrie un noble cœur est toujours en souffrance. J'ai entendu nommer ces impressions de l'âme chrétienne *le mal du pays.* Ce nom est aussi juste que touchant. L'âme se chante à elle-même ce ravissant cantique du roi-prophète, elle tressaille à ces accents surhumains : « Avec l'ardeur du cerf qui recherche une » source d'eau vive, mon âme vous désire, ô mon » Dieu. Mon âme a soif du Dieu vivant, du Dieu » fort ; quand viendrai-je, quand paraîtrai-je devant lui ? Mes larmes sont le pain de mes jours » et de mes nuits. Quelque chose me dit sans » cesse : Où est ton Dieu ? A ce souvenir mon cœur » s'épanche en moi-même. Oui, j'arriverai jusqu'au tabernacle admirable, jusqu'à la maison » de Dieu. Mon âme, pourquoi es-tu triste ? pour-» quoi me troubles-tu ? Espère en Dieu ! »

Ainsi avions-nous souvent des entretiens qui m'étaient chers. Arsène y trouvait un aliment sérieux, une direction utile pour l'exaltation passionnée de son cœur, et en même temps son caractère s'affermissait peu à peu. Il avait à corriger en effet une sorte de faiblesse qui ne doit point exister dans l'homme. L'homme est appelé à diriger et à protéger ; il ne faut pas qu'il ait trop besoin d'être lui-même soutenu et fortifié. Il doit inspirer l'énergie et non la recevoir.

La vie du jeune homme pendant les années de son éducation est bien obscure. Cependant dans la sphère modeste d'un collége chrétien, à chaque instant se présente l'occasion de précieuses vertus. L'héroïsme ne consiste pas toujours à faire de grandes choses ; on en rencontre rarement la possibilité, et, en ce cas, les forces humaines sont excitées par la puissance magique des événements ou des obstacles. Le plus admirable héroïsme sera toujours d'être invariablement parfait dans les petites choses. Telle est la vraie vertu ; tel est le principal mérite des vies les plus saintes.

Au collége nous demandons de nos enfants la régularité, le travail et la piété. Puissent tous les élèves que la Providence nous donne à ce moment ou nous réserve pour l'avenir, nous rappeler par de semblables qualités, la pratique constante d'Arsène Sallandre !

La règle commune assouplit tous les caractères, en adoucit les aspérités, en détruit les faiblesses.

Bien comprise , appliquée dans son sens le plus large , pratiquée avec courage , dignité et fidélité, elle ne laisse place à aucun défaut ; elle est même l'ennemie de toute imperfection. Le malheur de la plupart des hommes est de vivre au hasard , au gré des événements , selon le caprice de leurs goûts ou de leurs passions , et suivant toutes les influences imprévues des hommes et des choses. L'homme sé‑rieux doit régler son existence et se faire à lui-même un code imprescriptible en harmonie avec la reli‑gion, sa conscience et les devoirs ou les bienséances de son état.

Dans la vie commune , tout est déterminé à l'a‑vance. Les sacrifices sont mesurés en vue d'un même terme et proportionnés à toutes les forces. Ils sont d'ailleurs plus faciles, parce qu'ils sont partagés par tous.

La règle d'un collége a pour but l'ordre de la maison , les bonnes conditions d'un travail sérieux, la réforme du caractère et enfin le développement de la piété. Ces quatre motifs sont distincts et pro‑gressifs. Le premier n'est que matériel ; le second assure l'instruction ; le troisième s'élève jusqu'à l'éducation ; le dernier enfin caractérise notre enseignement spécial. Il est à proprement parler notre unique terme ; puisqu'à défaut de ce résultat, nous croirions avoir travaillé en vain.

Une discipline toute militaire en quelque sorte aurait déjà de précieux avantages ; mais c'est une discipline de bonne volonté que nous voulons voir fleurir au milieu de nous , une discipline qui atteigne l'esprit et le cœur plus encore qu'elle ne règle les dehors. Telle a toujours été la vertueuse régularité d'Arsène Sallandre. Malgré sa vivacité naturelle , il a toujours su se vaincre au point d'être un modèle. Sa chambre, à Colligis , était ornée de gravures accordées, à la fin de chaque mois comme témoignage de bonne conduite , aux élèves qui se sont montrés irréprochables pendant ce temps. Que d'actes de vertu pratiqués ainsi pendant les annéees de collége par un élève pieux ! Quelle admirable moisson déjà recueillie dans un âge où l'on penserait qu'il n'est possible que de semer les espérances de l'avenir ! Oh ! oui , si nous voulons réellement utiliser le trésor de notre existence, faisons ainsi dans la simplicité de notre cœur, selon la belle expression d'un pieux évêque, *beaucoup de bons petits actes de vertu.*

Notre cher élève était sans contredit plus remarquable encore par son application et par son travail infatigable. Ses talents, sans être extraordinaires, étaient cependant distingués ; mais il devait autant à ses efforts qu'aux libéralités de la nature. Nous l'avons toujours vu animé d'une ardente volonté de réussir. Ses devoirs quotidiens étaient faits avec soin ; il ne connaissait pas les négligences si ordinaires aux enfants.

En cinquième, en quatrième et en troisième, on le vit constamment tenir la tête de son cours, être nommé sept ou huit fois parmi les heureux vainqueurs couronnés à la fin de chaque année, et remporter dans chaque classe les récompenses les plus ambitionnées. En seconde et en rhétorique, sa santé affaiblie et des absences prolongées ne lui permirent plus de prendre part aux concours.

J'ai toujours remarqué en lui une disposition assez rare dans les colléges, mais bien précieuse ; je veux dire le désir d'acquérir , même en dehors de l'enseignement commun , toutes les connaissances que pouvaient permettre les circonstances. C'est ainsi que , sans parler des arts d'agrément qu'il cultivait avec soin , Arsène se livrait dans ses moments de loisir et dans ses promenades à l'étude si riche des diverses parties de l'histoire naturelle. A Colligis , au milieu d'un beau jardin , il avait un asile charmant pour ses études privilégiées , petit musée de bon goût où l'enfant amassait des trésors d'une grande valeur à ses yeux , et que le connaisseur même n'eût pas visité sans quelque intérêt.

Aimant avec ardeur la poésie , il s'exerçait , aussi bien en français qu'en latin , à des essais dignes d'éloges pour un écolier novice. Plusieurs fois , dans les soirées littéraires et musicales qui ont lieu à Saint-Charles, il a pu lire en public quelques fables de sa composition et recueillir de ceux qui l'entendaient une flatteuse approbation.

Avec l'âge et le développement de l'intelligence l'amour de l'étude ne fit que s'accroître en lui. Il le porta même à un point que je ne crains pas de nommer héroïque par les sacrifices qu'il s'imposa pour le satisfaire. Pendant son cours de rhétorique sa vue s'était altérée, moins par maladie organique que par suite de l'affaiblissement total de sa constitution. Je l'ai vu et le redis avec une véritable émotion, pendant des mois entiers, apprendre péniblement des leçons qu'un autre élève lui lisait et qu'il récitait parfaitement à l'heure de la classe. Je l'ai vu pendant de longues soirées d'hiver lutter énergiquement contre les difficultés, refuser tout adoucissement, lire ses auteurs et consulter même ses dictionnaires en s'aidant d'une loupe. Malgré tant d'obstacles, le devoir était chaque jour presque fait au complet.

Le travail était donc pour lui un besoin passionné ; il s'en expliquait lui-même ainsi en écrivant à un ami, dans l'année qui précéda sa mort.

« Depuis que je ne t'ai vu, j'ai fait une maladie

de six mois, qui m'a enlevé le peu de forces que j'avais. Non-seulement je ne puis courir ni marcher longtemps, mais dès que je m'applique un peu, ou que je veux lire, une demi-heure suffit pour m'abattre complètement. Je suis, quant au travail, absolument incapable. Dans cette position l'oisiveté est un devoir pour moi, juge combien il est pénible. Si l'année dernière j'avais été obligé de rester à rien faire, seulement pendant quelques jours, tu sais combien cela m'aurait coûté. Mais cette année c'est différent, je sens que je suis incapable et je souffre patiemment... »

Tant de belles qualités devaient surtout leur éclat au principe qui les vivifiait, c'est-à-dire à l'esprit de foi et de piété. Dès son arrivée à Saint-Charles, Arsène s'efforça généreusement d'entrer dans l'esprit de l'institution. Il dirigea vers Dieu toutes ses pensées, toute l'activité de son cœur; il travailla pour Dieu seul, et je puis lui rendre ce témoignage que dès lors il fit dans la vie chrétienne des progrès rapides. On eût dit qu'il entendait une voix intérieure qui lui rappelait sans cesse ce grand avis de l'Evangile : « Travaillez , tandis qu'il est jour, car la nuit vient où vous ne pourrez plus travailler. »

Assiduité à la prière, tendre piété à la chapelle , participation fréquente aux sacrements , tels sont les bons exemples qu'Arsène a donnés à ses con-disciples , sans jamais connaître les relâchements soudains, si faciles et si fréquents pour ceux dont l'âge n'est point mûr encore.

La pureté de ses mœurs, l'innocence de sa vie se reflétait doucement dans l'angélique candeur de son visage , de son maintien et de ses paroles. Comme cette belle vertu nous élève au-dessus de notre fragile nature ! Quel splendide trésor l'âme chaste porte dans un corps attaqué par tant de passions ! Nous aimons si facilement un jeune enfant : ce n'est pas étonnant, nous comprenons qu'il vaut mieux que nous , qu'il n'a pas nos convoitises, peut-être nos désordres ; sa vue nous réjouit, son contact nous épure. Un cœur virginal répand autour de lui un délicieux parfum.

Mais dans la vie commune, un enfant n'est point

seul à profiter de sa propre vertu. Elle est comme un levain de grand prix déposé au milieu des autres et destiné bientôt à produire une heureuse fermentation. De vertueux jeunes gens deviennent, en effet, nous le voyons, des apôtres fervents au milieu de leurs frères. Ils s'unissent entre eux, s'excitent mutuellement au bien, se soutiennent dans leurs difficultés. Même lorsqu'ils ont quitté l'enceinte du collége, ils forment encore par l'affection et les bons rapports, une pieuse société qui lutte contre le monde et le torrent des dépravations humaines. Heureux fruit des saintes amitiés du collége !

Peu d'élèves ont été animés comme Arsène Sallandre de ce feu de l'apostolat. Je ne nommerai pas ses excellents amis, car aucun autre nom que le sien ne sera écrit sur ces pages ; mais ils étaient nombreux, étroitement unis par la charité plus encore que par l'amitié. Aujourd'hui, soit dans les écoles, soit dans les diverses fonctions de la société, ils entretiennent, entre eux et avec nous, des relations affectueuses qui les encouragent

au bien et les conservent chrétiens au milieu du
monde.

Chaque année nos portes se ferment une dernière fois sur de jeunes hommes qui passent de
nos bras dans la vie publique. Nos yeux et nos
cœurs les suivent , comme on accompagne par la
pensée le vaisseau qui nous quitte et se dérobe à
nos regards. Tous , hélas ! ne restent point fidèles,
et pour consolation , nous cherchons à l'avance
quelles pourront être les grandes secousses qui
ramèneraient au bien ces enfants égarés ; mais
d'autres aussi s'avancent d'un pas ferme , et nous
bénissons le Père qui est dans les cieux d'avoir
donné accroissement à la bonne semence déposée
dans ces âmes bien-aimées. Ainsi sans doute , si
Dieu l'eût permis , nous eussions trouvé dans
Arsène Sallandre un encouragement pour nos travaux envers ceux qui devaient nous être confiés
après lui. Mais il en a disposé autrement !

Au moment où il nous quittait , il lui restait
encore dix-huit mois à vivre ; ils devaient être
marqués pour lui par les plus pénibles souf-

frances. Le feu du creuset devait sans doute purifier de tout alliage cet or splendide, que Dieu, je l'espère, réservait à ses tabernacles éternels.

# IV

Est-ce à moi de mourir ? Tranquille je m'endors
Et tranquille je veille : et ma veille aux remords
    Ni mon sommeil ne sont en proie.
Ma bienvenue au jour me rit dans tous les yeux :
Sur des fronts abattus mon aspect dans ces lieux
    Ramène presque de la joie.

Mon beau voyage encore est si loin de sa fin !
Je pars, et des ormeaux qui bordent le chemin
    J'ai passé les premiers à peine.
Au banquet de la vie à peine commencé,
Un instant seulement mes lèvres ont pressé
    La coupe en mes mains encor pleine.

Je ne suis qu'au printemps, je veux voir la moisson,
Et comme le soleil, de saison en saison,
    Je veux achever mon année.
Brillante sur ma tige et l'honneur du jardin,
Je n'ai vu luire encor que les feux du matin ;
    Je veux achever ma journée.
O mort, tu peux attendre, éloigne, éloigne-toi.
. . . . . . . . . .
    Je ne veux pas mourir encore.

A. CHÉNIER.

La mort ! comme ce nom excite dans mon âme
la terreur et l'angoisse... Mourir ! Quel change-

ment immense! Quelle terrible destinée! Mourir!
Quitter tout ce que j'ai connu, tout ce que j'ai vu,
possédé, aimé sur cette terre, me quitter moi-
même. Mourir! Entrer dans les abîmes de l'éternité, dans ces espaces infinis, remplis de Dieu
seul. Mourir! Et revoir d'un seul regard, face à
face avec un Dieu devenu mon juge, ma vie tout
entière. Mourir! Mon âme se trouble en elle-même,
elle se débat dans une horrible anxiété. Mon Dieu,
vous l'avez voulu, et chaque jour des tombes pres-
sées s'entr'ouvrent à mes côtés et se referment sur
leur proie. Demain, aujourd'hui peut-être ce sera
mon tour.

Qu'importe à la mort le nombre des années?
n'a-t-elle pas ses victimes de prédilection? n'a-t-
elle pas des enseignements plus terribles encore que
ses coups ordinaires et prévus? C'est toi, pauvre
jeune homme, au printemps de la vie, c'est toi
qu'elle veut frapper au milieu de tes rêves d'avenir. Tes lèvres ne respiraient que le gracieux sourire, ton front n'appelait que l'espérance, ton
cœur n'exhalait que la douce odeur de la vertu ; et

tout à coup tes lèvres sont décolorées, ton front est flétri, ton cœur a cessé de battre. Mon Dieu, pourquoi ce châtiment plus rigoureux, pour qui n'a pu que moins mériter vos vengeances ?

Nous sommes aveugles, nous ne comprenons pas vos desseins pleins d'amour, ô Dieu, ô père !

Nous nous attachons à la vie présente comme à notre unique félicité; et pourtant nous savons qu'elle nous échappe à chaque instant et qu'elle n'est rien pour nous. Nous voulons des joies, des plaisirs, des honneurs, des richesses ; et pourtant notre vie ne doit être qu'une expiation et la douloureuse préparation à l'existence véritable. Nous ne vivons que pour la créature ; nous oublions les droits du Créateur pour qui seul tout existe.

L'homme se détache de son centre unique, et il se plaint d'être emporté au hasard. Aux lois éternelles de la gravitation des âmes, il substitue par l'erreur de sa volonté, la course errante des globes sans orbite ; et il gémit de ne plus connaître le repos et l'harmonie.

Non, la mort telle que nous la créons, n'est point la mort telle que Dieu nous l'a faite. La vie est une durée si courte en présence de l'éternité ! Un seul moment détermine pour nous des conséquences impérissables. La vie est un éclair : ce n'est que le moment rapide dans lequel nous choisissons à jamais notre éternité. Mourir, c'est prendre possession d'une immuable existence.

Qu'a donc cette vie de si attrayant pour en regretter la perte à ce point? La faute entraîne le remords. Où est la joie de ceux qui ne recherchent pas uniquement la vertu? où est même la joie parfaite de ceux qui n'en quittent pas le sentier escarpé? Sans doute ils ont *la paix de Dieu qui surpasse tout sentiment* ; mais leur âme ne peut être pleinement satisfaite, parce que Dieu ne se dévoile point encore à eux comme leur récompense. La vertu nous coûte chaque jour de pénibles combats ; l'homme ne peut faire un pas vers ses semblables sans redouter sa propre faiblesse, sans craindre mille séductions. Vivre sans la vertu est un horrible malheur. Vivre vertueux est une guerre de chaque jour. Oh ! je crains la mort, parce que *je tremble pour chacune de mes œuvres;* mais donnez-moi l'espérance, et je saluerai la mort comme l'aurore de ma vie.

Ne pleurons pas sur ceux qui nous quittent avant d'avoir épuisé leur portion d'existence.

Sur ces tombes couronnées des roses de l'innocence et de la jeunesse, n'avons-nous pas redit quelquefois avec les larmes du poëte :

> Au banquet de la vie infortuné convive,
> J'apparus un jour et je meurs !....      GILBERT.

Non, la vie n'est point un banquet, mais la route qui conduit à la table du festin; le banquet c'est l'éternité. O pères, ô mères, ô amis qui lisez ces pages et qui sentez peut-être quelque blessure encore saignante dans votre cœur, levez les yeux et voyez, dans les splendeurs célestes, le Père tout-puissant qui s'est dit le Père de famille, conviant lui-même tous les hommes à l'immortel festin. L'un après l'autre il appelle les convives, qui n'avaient d'autre mission sur cette terre que de revêtir la robe nuptiale; successivement il les place à sa table céleste. Qu'importe que dans sa bonté il ait appelé avant nous ceux que nous avions espéré précéder? l'intervalle est si court. Si celui que nous aimons avait déjà sa parure de vertu, réjouissons-nous sur lui et attendons en faisant le bien. Mais s'être présenté à la salle du festin sans la robe nuptiale!.... Je ne puis que dire : pleurez. — Il n'y a pas de consolation.

J'ai presque cité le texte sacré ; mais en écrivant ces paroles une gracieuse image se présentait à moi et me disait ce que c'est que la vie, ce que sont nos larmes sur ceux que nous appelons perdus. Je croyais voir une bonne mère dressant la table d'un repas de fête et entourée de nombreux enfants. Ceux-ci convoitent à l'avance les mets qui excitent leur envie, ils pleurent en entendant dire qu'il faut attendre encore. Bientôt leur mère les prend tour à tour entre ses bras et les place successivement au milieu des invités; à la vue d'un frère déjà placé, les autres se pressent et pleurent encore, jusqu'à ce

que la mère ait satisfait à l'impatience de tous.
Voilà la vie : elle est plus courte encore comparée
à l'éternité, que le moment de prendre place à
table comparé au repas. — Voilà nos pleurs. La
mère de famille répondait aux larmes de son enfant
par un sourire et un baiser : et Dieu aussi nous
contemple avec un ineffable amour, et, quand notre
heure est venue, il s'incline doucement vers nous,
pour nous attirer tendrement à lui.

*Itaque consolamini invicem in verbis istis.*

S. Paul.

Puissent ces paroles être une consolation pour
des cœurs blessés par les déchirements d'une perte
cruelle! Puissent ces paroles sécher quelques larmes et nous porter à un amour plus filial pour le
Dieu qui nous aime plus qu'une mère n'aime son
fils!

Au mois de février 1854, Arsène Sallandre fut
conduit à Paris, à l'effet de consulter sur sa santé.
On lui prescrivit un repos absolu et un régime qui
ne pouvait être suivi facilement qu'à la maison

paternelle. Aussi en revenant de Paris ne fit-il que s'arrêter peu d'instants à Saint-Charles, et bientôt nous le vîmes s'éloigner. Nous ne pensions qu'à une courte séparation ; son départ n'eut point pour nous l'amertume que nous eût donnée la connaissance anticipée de la réalité.

Mais à peine arrivé à Colligis, Arsène tomba gravement malade et tint le lit pendant plusieurs mois. Il était attaqué de la poitrine, et la croissance naturelle à son âge ne prenait point son développement normal. Je dirai peu de chose sur cette première période de sa longue maladie : car rien alors ne paraissait entièrement désespéré ; l'enfant pensait plus à sa guérison qu'à la possibilité d'une fin prochaine ; sa famille était à l'espérance.

Je lui rendis une première visite à cette époque ; c'était en juillet 1854. Je trouvai Arsène paisiblement résigné entre les mains de Dieu ; il acceptait la souffrance, il en profitait courageusement pour avancer dans la vertu , quoiqu'il fût encore éloigné des dispositions admirables qu'il devait manifester par la suite. Pourtant les pensées religieuses étaient sa principale préoccupation ; et un médecin qui le soignait et l'aimait comme un fils, me disait à ce premier voyage, qu'il ne doutait pas qu'il ne dût mourir bientôt ; qu'à ses yeux son exquise sensibilité, ses sentiments élevés étaient une preuve que peu à peu l'âme se dégageait des entraves du corps et se perfectionnait ainsi avant la dernière heure.

Cependant aux mois de septembre et d'octobre, il reprit un peu de force et les médecins lui prescrivirent pour échapper aux rigueurs de l'hiver, un voyage dans le midi de la France ou en Italie. Arsène se mit en route, avec son père et sa mère, le 9 novembre. Une attention délicate de sa part fut de commencer ce voyage par une visite à sa maison bien-aimée de Saint-Charles. Il resta près de deux jours avec nous ; il allait bien en comparaison de son état passé ; aussi étions-nous mutuellement à la joie de nous revoir. D'ailleurs il partait heureux pour ces climats nouveaux. Il espérait remplir son esprit si ardent par les connaissances que devait lui donner ce voyage lointain. Il parlait avec enthousiasme de l'Italie. Comment n'eût-il point alors répété les beaux vers du poëte allemand, dont les mélodieux accents descendent dans l'âme comme la douce chaleur du Midi, comme un rayon d'espérance pour le pauvre malade languissant?

« Connais-tu le pays où fleurit le citronnier,
» où la pomme d'or de l'oranger mûrit à l'abri
» d'un sombre feuillage? Là le souffle le plus
» doux descend d'un ciel toujours bleu : là croît
» le myrte solitaire, et le laurier s'élève haut dans
» les cieux. Ce beau pays, le connais-tu ? C'est là,
» c'est là que je veux aller. »               GOETHE.

Cependant il ne quitta point la France ; il passa l'hiver en partie à Montpellier, en partie à Cannes. Sa santé s'améliora sensiblement, et nul doute que le climat n'ait exercé sur lui la plus heureuse influence. Chaque jour son esprit s'ornait par les études pleines d'intérêt auxquelles il se livrait selon la mesure de ses forces. Chaque pays qu'il traversait était visité avec soin ; il y étudiait tout ce que l'histoire , la littérature, les sciences ou les arts pouvaient y avoir laissé de traces importantes et de précieux souvenirs. Il préférait toutefois les recherches des sciences naturelles ; il collectionnait avec goût et intelligence.

Le temps passait vite pour lui au milieu du bonheur de l'étude et des jouissances de la famille , sous les yeux d'un père et d'une mère qui tresaillaient de le voir revivre , avec la douce séduction de son propre cœur qui s'enivrait des joies d'une existence renouvelée.

Aussi , toutes ses lettres de cette époque ( et il écrivait souvent à chacun de ses maîtres) ne respirent que l'espérance et la gaîté. Il nous décrivait les belles contrées qu'il parcourait , nous disait l'amélioration de sa santé et ses projets d'avenir. Mais avec quelle effusion nous témoignait-il à tous sa filiale affection !

« Quoique bien loin de Chauny , m'écrivait-il au mois de janvier 1855 , mon souvenir s'y porte souvent pour penser à ces bons maîtres que j'ai quittés avec tant de regret. Je leur renouvelle cette année, par une lettre, l'assurance du respect et de l'attachement que les années dernières leur témoignait de vive voix, à eux et à son supérieur, un élève qui les aime. »

Au moment où je copie ces lignes d'une lettre de notre cher enfant, je sens mon cœur battre plus vite en moi-même, sous l'impression que me laissent de si bonnes paroles. Oh oui, c'est un lien sacré que celui qui unit si tendrement le maître à l'élève, le père et le prêtre à un fils. Que c'est bien là notre pensée en nous dévouant à l'éducation ! Aimer, être aimé, afin de diriger doucement et sans contrainte ! Cette affection est pour la vie entière. Du moins vivra-t-elle toujours en nous. Mais serons-nous compris par tous, comme nous l'avons été par Arsène Sallandre ? Par beaucoup, oui, je le sais : mais par tous?.... je l'espère encore.

À son retour de nos contrées méridionales, la première visite d'Arsène fut encore pour nous. Il termina par Chauny son voyage lointain, avant de revoir la demeure paternelle, où il ne devait trouver qu'un lit de douleur et de mort. En effet, à peine rentré à Colligis, il perdait le peu de forces qu'il avait recueilli sous un ciel plus humain, et la maladie exerçait bientôt sur lui les plus terribles ravages.

# V

*A Domino factum est istud , et est mi-rabile in oculis nostris.*

C'est l'œuvre du Seigneur, et elle est admirable à nos yeux.          PS. CXVII. 22.

Jusqu'ici je n'ai eu à louer en notre élève bien-aimé, que les belles qualités qui se rencontrent assez souvent dans les enfants et les jeunes gens élevés avec soin. Pourtant ces qualités étaient en lui à un degré peu commun. Maintenant j'ai réellement à dire l'œuvre de la grâce dans cette âme si bien préparée. Les derniers mois de cette chère existence ont manifestement porté l'empreinte d'une action divine dont la mémoire me laisse encore une pieuse émotion.

Le voilà aux prises avec le mal cruel qui doit être bientôt son vainqueur. Jusqu'alors il n'était que résigné; c'est qu'il espérait, et il en avait peut-être le droit. Maintenant il a mesuré le danger, il comprend sa situation, il sait qu'il faut mourir : Que Dieu en soit loué! la foi va lui donner plus que le calme et la résignation; elle fera pour lui de la mort une grâce et un bonheur.

Il sait qu'il faut mourir : et pourtant il a dix-huit ans, il est fils unique, une honnête fortune lui est assurée; il a l'esprit orné de connaissances variées, son cœur est pur et aimant, son intelligence est déjà mûre; près de lui il voit le père le plus dévoué, la plus tendre des mères; tout lui sourit ici-bas; si la douleur est le sort commun, pour lui, du moins, on peut nommer le bonheur... C'est vrai; mais il faut mourir.

O la douce victime de la mort ! Il ne l'accepte pas seulement, il l'accueille comme la meilleure amie. Dans les premiers jours il répétait à chaque instant : *Que la volonté de Dieu soit faite.* Bientôt la grâce a fait un pas de plus. « Que la volonté de Dieu soit faite, » dit-il encore ; mais il ajoute : « *Ce que je désire uniquement, c'est de persévérer, si Dieu devait m'accorder la santé ; autrement je préfère mourir.* » Et dès lors cette pensée reste fixe dans son esprit ; il ne regarde plus la mort que comme la sauve-garde de son salut éternel.

Il recherche tous les moyens de nourrir en lui la piété. C'est à la sainte Vierge, selon son habitude, qu'il a recours. A son lit était suspendue son image, nouveau souvenir de Saint-Charles, car elle lui rappelait le jour de son admission dans la congrégation de Marie et dans l'admirable archi-confrérie de Notre-Dame-des-Victoires. Chaque jour, à chaque instant, il l'invoque ; il a pour elle des offrandes de prédilection, toujours des fleurs choisies sont placées devant son image. Pouvait-il choisir un symbole plus expressif de son propre cœur ?

Comme à Saint-Charles, sa vie est un petit apostolat. Il a grande hâte de répandre autour de lui le feu qui le consume. Sa parole, pour ceux qui l'approchent, est tour à tour un enseignement, une délicate insinuation, même une exhortation vive et pressante. Il aime à recueillir ses forces pour une discussion chaleureuse, et il sait frapper juste et fort celui qui lui résiste et que parfois déconcerte la brusquerie pleine de zèle de ses charitables assauts.

Ce récit ne sera point indiscret : je dirai seulement que Dieu accorda à Arsène de remporter des victoires bien chères à son cœur. Il rencontra sans doute parfois des résistances opiniâtres ; mais ceux-là même qui ne se rendirent point à lui, ont avoué qu'ils ne l'ont jamais approché sans se sentir meilleurs. Son ardeur connaissait cependant la prudence. Car une personne, heureuse de l'impression que produisait sur elle un tel langage, l'engageait à parler de la même manière à une autre personne qu'elle lui désignait. « Oh, là, répondit-il, je ne puis rien, il est trop tôt ; je serais mal accueilli. Dieu permettra plus tard, je l'espère, que sa voix soit entendue et comprise par toutes les personnes qui nous sont chères. » Puissent de tels vœux être exaucés de Dieu ! J'aime trop Arsène pour qu'un

si juste désir de son âme ne soit point aussi le sou-
hait de la mienne. Et selon qu'il a prié pour les
siens, moi aussi je veux prier pour tous ceux qu'il
a aimés.

Pour le distraire, on lui faisait de courtes lec-
tures. Il demanda à entendre lire la vie du vénérable
Mgr de Simony, ancien évêque de Soissons. Après
la vie des hommes dont l'Eglise reconnaît et honore
publiquement la vertu, quelle lecture serait plus
attachante et plus féconde en admirables enseignements? Arsène trouva un rapprochement frappant
avec sa propre situation, dans le récit qui y est fait
de la mort du jeune duc Maximilien de Sully.
Celui-ci fut l'élève particulier du saint prélat, et,
comme Arsène, il mourut à dix-huit ans.

Notre cher malade suivait avec intérêt, je ne
dirai pas le récit des actions du jeune duc, mais
plutôt les leçons magnifiques par lesquelles son
excellent maître voulait faire de lui un chrétien et
un homme accompli. Arrivé à la maladie et à la
mort de Maximilien, le lecteur voulut éluder le
passage, de crainte d'affecter Arsène. Mais celui-

ci, aussi courageux qu'attentif, le contraignit à revenir sur ses pas et lui dit paisiblement : « N'ayons pas plus peur l'un que l'autre ; pour mon compte je vois toutes choses de sang-froid. »

J'ai sous les yeux les belles pages qu'Arsène écoutait avec tant de bonheur, et aujourd'hui il semblerait que pour moi les deux noms se confondissent ; tant c'est une commune vertu avec une commune destinée. J'emprunte au hasard quelques lignes à l'éloquent écrivain de cette belle vie, et je les cite avec le souvenir que le cœur conserve pour un ancien maître.

« L'éducation du jeune duc de Sully touchait à sa fin, écrit M. l'abbé Péronne ; M. de Simony était à la veille de jouir de son œuvre et de recueillir les fruits que promettaient pour de longues années tant d'excellentes qualités relevées par une foi vive et par une piété solide. Dieu en avait disposé autrement. Il ne voulut pas exposer aux illusions du monde des vertus déjà mûres pour le ciel. Une santé délicate qu'affaiblissaient de jour en jour des infirmités prématurées, conduisirent en peu de temps le jeune de Sully jusqu'aux portes du tombeau. Il vit arriver la mort de loin avec la résignation d'une vertu consommée. Pas un regard, pas un regret, ni pour cette vie dont il avait à peine goûté les prémices, ni pour les espérances du monde si brillantes pour lui dans l'avenir. « Mon seul regret, disait-il à sa mère, est de » vous laisser sans consolation; mais mon espoir » est que Dieu nous réunira bientôt près de lui. »

» Sa confiance en la miséricorde de Dieu était si grande, nous rapporte M. de Simony témoin de ses derniers instants, qu'il me disait : « Il ne » me vient pas même en pensée que je puisse aller » en enfer. » Le jour de sa mort, il me dit en parlant de la nuit qu'il venait de passer et dans laquelle il avait beaucoup souffert : « J'avais espéré, » qu'elle serait la plus belle de ma vie, Dieu ne l'a » pas voulu, que sa volonté soit faite. » Quelque temps après il dit à sa mère : « Rien ne me trouble, » rien ne m'inquiète, je suis parfaitement tran— » quille. »

N'est-il pas juste de comparer Arsène à Maximilien de Sully ? Notre malade faisait lui-même ce rapprochement, mais pour envier ses vertus. Il aurait tant voulu lui ressembler, parce qu'il savait que malgré la fougue de son caractère et les difficultés de son naturel *il était devenu un modèle de raison, de sagesse et de vertu.* Pouvait-il en être autrement, puisqu'il avait pour guide un homme dont le nom ne sera jamais prononcé qu'avec amour et vénération? Mais entre ce jeune homme si privilégié et notre cher élève, il y avait sans doute moins de différence que celui-ci ne pouvait le croire et l'avouer.

Le ciel était donc son unique pensée; il y rapportait toutes ses prières, tous ses sacrifices. Il aimait beaucoup la musique : « Pauvres doigts, disait-il un jour naïvement en regardant ses mains, je vous aurais pourtant bien exercés, mais j'irai dans le ciel chanter les louanges du Seigneur. »

En d'autres moments, les souffrances devenaient par trop aiguës. Il craignait de manquer de pa-

tience , car sa faiblesse et son état nerveux le
tenaient involontairement par accès dans une irritabilité organique dont il triomphait avec peine. Il
se rappelait alors les paroles de Jésus au jardin de
l'agonie, et redisait avec lui : « Mon Père , s'il est
possible , que ce calice s'éloigne de moi ! mais
cependant que votre volonté soit faite. »

C'est ainsi que peu à peu il s'affermissait dans
une pensée d'héroïque sacrifice , celle d'accepter
volontiers la mort pour assurer son salut , véritable martyre de la charité. Il y a toujours dans la
vie et surtout dans la mort de chaque chrétien , une
impression qui domine toutes les autres et qui
élève l'âme à la sainteté où Dieu l'appelle. Ce
serait un beau travail de rechercher ainsi la dernière et souveraine pensée de tous ceux qui sont
morts dans le Seigneur , et de les recueillir comme
des fleurs d'une beauté parfaite et d'un parfum
exquis.

Quelle admirable variété ce serait d'éclat et de
couleur ! quelle suavité d'odeurs diverses ! quel
inimitable bouquet dont chaque fleur serait une

vertu, dont l'ensemble serait comme la perfection même du divin Modèle de toute perfection !

Il aimait avec une telle simplicité, une telle confiance, que les terreurs de l'éternité ne le frappaient point ; la charité seule le purifiait. Dieu lui épargnait les angoisses de la crainte, si souvent nécessaires aux autres hommes.

Mourir c'était le ciel ; vivre c'était la crainte du péché, peut-être le péché même ; il y a tant d'occasions, tant de fragilités dans la vie d'un homme ! Son choix était tout fait ; il s'en expliquait hautement même dans les circonstances les plus pénibles. Des prières quotidiennes étaient faites pour sa guérison ; une neuvaine, m'a-t-on dit, fut commencée dans sa famille. Le soir tous les siens étaient à genoux auprès du lit d'Arsène. Au nom de tous, sa mère priait tout haut. Oui, c'était bien à elle que cette prière appartenait ! Elle suivait des yeux et de la voix une formule générale de demande ; une ligne en blanc laissait à déterminer la grâce implorée. Quelques points suivaient ces mots : *accordez-moi....* Ses lèvres, aussi rapides que son cœur, ajoutèrent : *la guérison de mon enfant.* « Ne dis point cela, ma mère, interrompit Arsène, dis comme moi : *la guérison de mon enfant, si vous prévoyez qu'il vous sera toujours fidèle, sinon sa mort !* » Et au milieu des sanglots de tous, la femme forte et chrétienne trouva moyen de balbutier ce que jamais il n'eût paru possible à une mère de prononcer.

Vers la fin de juillet il désira me voir encore une fois : ce n'était pas pour moi un moindre besoin.

J'allai donc à Colligis, avec un de mes collègues, son ancien professeur, pour lequel il avait toujours conservé une affection spéciale. Nous le trouvâmes bien affaibli. Il était d'une maigreur effrayante, une peau décolorée recouvrait seule ses os presque décharnés. Pourtant ses traits étaient encore agréables, ils respiraient un calme angélique ; ses yeux brillaient de toute l'expression de son âme. Il essayait encore quelques pas : il voulut même, appuyé sur mon bras, descendre au jardin et une fois encore jouir d'un air pur et de la douce chaleur du soleil. Son imagination se reportait à tous ses souvenirs, à toutes ses études, il se retrouvait tout entier, et une dernière fois il vivait de la nature qui enchante les sens et de la poésie qui enivre l'esprit et fait palpiter le cœur. Il me semblait alors qu'il allait s'écrier avec le poëte antique, que j'aimais autrefois à lui faire goûter, avec la jeune vierge sacrifiée au salut d'une armée :

« Il est doux pourtant de voir la lumière ! »

Je ne sais pourquoi une poésie toute de la terre vient se mêler à des pensées d'une harmonie toute céleste. Jeunes gens pour qui je travaille, vous me le pardonnerez; mais j'ai voulu écrire comme vous aimez à penser; j'ai voulu vous laisser dans votre riant domaine des lettres humaines, et toutefois vous donner aussi les enseignements qui n'appartiennent qu'aux cieux.

La fatigue l'obligea bientôt à se replacer sur son lit : j'étais assis près de lui, je le regardais avec attendrissement, et tout d'abord je laissai entendre le mot d'espérance, je parlai de guérison. « Monsieur, me répondit Arsène, vous aussi, allez-vous

me parler comme font les personnes du monde ?
Ne perdons point le temps. J'ai voulu vous voir
pour causer de la mort, puisque cette heure est
prochaine pour moi. Oh ! parlez-moi de la mort,
parlez-moi de l'éternité, parlez-moi de l'affranchis-
sement subit de l'âme qui va quitter cette pauvre
dépouille. Parlez-moi de Dieu. Dites-moi ce qu'est
le bonheur auquel j'aspire et qu'on me promet.
Comme mon cœur se brise d'émotion à la pensée
de cet immense changement, comme mon esprit
reste éperdu ! »

J'essayai de fortifier encore ce courage déjà si
calme et si ferme ; j'aurais voulu trouver des paroles
de feu pour embraser encore davantage de l'amour
des choses de Dieu cette âme si ardente et si pure.
Mais, je l'avoue, il reçut de mes paroles une
moindre leçon, que moi de sa résignation et de sa
piété.

« Mais quoi, lui dis-je, voulez-vous donc
mourir ?

— N'est-ce pas pour moi le meilleur ? me
répondit-il.

— Mais enfin si nous obtenions de Dieu votre guérison ?

— Prenez garde, reprit-il avec un élan passionné, vous êtes prêtre et vous m'aimez en prêtre; si vous voulez prendre sous votre responsabilité, que jamais, quelle que soit la vie que Dieu m'accordera, je ne commettrai un seul péché mortel, j'y consens, demandez ma guérison. »

Comme je me taisais : « Vous ne le pouvez pas, n'est-ce pas ? continua-t-il; qui peut répondre de soi ? qui pourrait répondre d'un autre ? Alors demandez ma mort.»

Je ne répondis pas ; je craignais qu'à la piété de son cœur ne se mêlât quelque transport de l'imagination. Je crois qu'il me comprit; car il ajouta en me serrant la main : « Avouez que vous ne me reconnaissez pas, et que vous me trouvez bien différent de ce que vous m'avez jamais vu. Vous me reprochiez autrefois si affectueusement d'être aussi faible qu'une petite fille. Mais je ne me reconnais pas moi-même. O que Dieu a fait en moi de grandes choses ! Sa grâce m'a changé entièrement , ce n'est pas mon propre travail. O monsieur, que Dieu est admirable même dans le cœur d'un enfant , je ne me doutais pas jusqu'ici de l'action de la grâce. Si vous saviez combien je suis heureux , combien je suis changé ; mais aussi je sens qu'il n'y a là aucun mérite de ma part : C'est Dieu qui a tout fait. »

J'ai oublié mes propres paroles ; mais celles d'Arsène sont à jamais gravées dans ma mémoire. Quels délicieux moments pour un prêtre que ceux qu'il lui est ainsi donné de passer auprès d'un tel malade. Une fois déjà, dans un pays éloigné , le bon Dieu m'avait permis de consoler dans sa dernière maladie une angélique jeune fille qui expirait doucement dans le Seigneur, à l'heure qu'elle avait choisie dès longtemps à l'avance , le jour de l'Assomption. Avec elle j'avais appris à causer de la mort comme on s'entretient d'un ami. Je retrouvais dans Arsène la même innocence , le même détachement de toutes choses , de plus grands sacrifices peut-être à accomplir, la même piété , la même vertu , une maladie et une fin semblables.

Nul ne connaîtrait sans doute ce nom que je pourrais placer auprès de celui d'Arsène Sallandre ; mais pour eux peut-être, ils se connaissent auprès de Dieu, dont je l'espère ils ont reçu miséricorde ; s'il en était ainsi, qu'ils se souviennent tous deux de moi, comme ils savent que je les chéris.

Ainsi s'effacent peu à peu les horreurs du trépas, aussi bien pour le mourant que pour ceux qui devront lui survivre et le regretter. Telle est la résignation chrétienne, elle se verse d'une âme dans une âme. Aussi je trouvai les parents d'Arsène, malgré la douleur qui les accablait, moins abattus que je n'avais pu le craindre. C'était encore le secret de la vertu de leur fils. « Monsieur, disait en me quittant sa bonne et pieuse mère, je sais le malheur qui m'attend, mais je ne pleure presque plus. J'aime mon enfant pour lui plus que pour moi ; je connais le monde, il veut mourir, je sais qu'il a raison. Monsieur, mon sacrifice est fait, j'accepte la volonté de Dieu et le désir de mon enfant : maintenant, je suis prête. »

« Mon fils, disait Blanche de Castille à celui qui

fut le saint roi Louis IX, Dieu sait combien je vous aime ; mais j'aimerais mieux vous voir mourir que de vous voir commettre un seul péché mortel. »

Les heures s'étaient écoulées ; nous ne pouvions nous lasser de tenir notre cher enfant serré entre nos bras ; il nous fallut enfin l'embrasser une dernière fois et le quitter pour toujours !...

# VI

Oh ! quelle sera ma félicité lorsque , pour jouir de la présence du Seigneur, je m'endormirai dans son sein ; lorsque purifié des souillures du péché , déchargé du fardeau de cette vie mortelle , je ne serai plus cet homme formé du limon ! Réjouis-toi, ô mon âme , réjouis-toi, dans ta délivrance, de la vie nouvelle que tu recevras alors de ton Dieu.

Méprise donc les horreurs de la mort , ô mon esprit ! Il conduit à la lumière , le chemin qui traverse la vallée sombre ; qu'il ne t'inspire plus aucun effroi. Le chemin qui traverse l'obscure vallée te conduira dans le saint des saints. Le repos de Dieu est inaltérable , surabondant ; il sera pour les âmes délivrées, de cette vie terrestre la source d'ineffables consolations.

*Trad. de l'allem. de Klopstock.*

La mort d'un homme est toujours un grand spectacle. Il est triste et navrant, si on ne considère que les éléments matériels prêts à se dissoudre et à se séparer sous l'influence de la corruption du tombeau. Car, selon l'expression de Bossuet, il ne reste rien à désirer dans une si belle machine, sinon qu'elle aille toujours, sans être jamais troublée et sans finir.

Mais bien plus imposant est ce spectacle, si nous pensons que l'âme qui s'échappe de ce corps en ruines, se trouve au même instant entraînée dans les profondeurs de l'éternité et mise en présence du Juge tout-puissant.

Ne perdons jamais de vue ces pensées, qui dirigeront notre vie, si nous le voulons; à la lumière qu'elles répandent sur nos plus chers intérêts, jamais nous ne pouvons nous égarer.

« Craignez Dieu, dit l'Ecclésiaste, et observez ses commandements, car c'est là l'homme tout entier.» N'attendez pas pour faire le bien, les années de la fatigue et de l'impuissance. Car peut-être n'existeront-elles point pour vous. Si la mort se présente *tandis que vous ourdissez encore la trame de votre jeunesse*, laissez-la trancher à son gré ce fil léger. Que le pieux exemple que vous offrent ces pages, vous encourage et vous soutienne.

Déjà Arsène touchait à sa dernière heure. Il sentait le vide qu'il allait laisser autour de lui ; il comprenait que son existence ne serait pas la seule pour se briser ainsi tout à coup.

Il avait besoin d'abord de consoler ceux qu'il allait laisser après lui, et de croire que leur douleur, calmée par la religion, ne serait point excessive. Son père et sa mère étaient près de lui : « Mes chers parents, leur disait-il, après ma mort vous ne serez pas trop tristes, n'est-ce pas ? » *N'est-ce pas ?* Il fallait une réponse, elle fut faite : évidemment elle ne pouvait qu'éluder la question : le malade n'insista plus.

« .... Ma mère, pourquoi ce silence et ces yeux baignés de larmes ?

— Malheureuse que je suis ! j'ai bien assez sujet de pleurer.

— Oh ! cesse, ne m'attendris pas, mais accorde-moi une grâce.

— Parle, tu n'auras pas de refus, ma fille.

— Ne coupe pas les tresses de tes cheveux et ne te couvre pas de noirs vêtements.

— Que dis-tu, ma fille ? Quand je t'aurai perdue ?

— Tu ne me perds point, je vis pour toujours ! »
(Euripide.)

C'est le dialogue du sacrifice antique, c'est encore l'expression de l'amour filial transformé et chrétien. Jeunes élèves, vous relirez souvent dans vos travaux classiques ces beaux vers que je traduis ici ; une fois de plus vous penserez à celui qui les lisait avec vous, et qui ne savait pas que bientôt son cœur lui dicterait les mêmes accents.

Et pourtant, malgré cette pieuse résignation, combien ne regrettait-il pas ses parents ! Le soir, le matin, quand son père et sa mère s'approchaient de lui pour l'embrasser : « Ah ! s'écriait-il quelquefois, si Dieu m'appelle à lui, il m'arrachera de votre cou. »

De nouveaux progrès du mal l'obligèrent à

penser aux derniers sacrements. Souvent il avait été visité et consolé par M. le curé de Colligis, qui était pour lui un ami dévoué, un père plein de tendresse. Souvent il avait été admis par lui au banquet eucharistique. Chaque fois, nouveau Louis de Gonzague, il avait voulu s'y préparer plusieurs jours à l'avance, et on l'entendait répéter : « Que je serai heureux demain ! » Les jours qui suivaient étaient tout entiers à l'action de grâces, et sans cesse il redisait également : « Que j'étais heureux hier ! Que j'étais heureux il y a deux jours ! »

Il reçut les derniers sacrements, le samedi 1er septembre. Monsieur le curé, qui les lui donna, m'écrivait qu'il ne savait comment dépeindre avec quelle foi et quelle piété il les avait reçus. O derniers sacrements ! Consolation suprême du pauvre moribond ! Admirable bonté de notre Dieu ! A l'homme qui se débat sur sa couche d'agonie Dieu envoie son prêtre ; en son nom celui-ci pardonne au repentir les fautes avouées d'une longue vie ; l'huile sainte coule sur des membres à demi glacés par le trépas, et donne à l'âme une force divine, tandis que le corps succombe sous les défaillances de la nature. Ce n'est pas assez, Dieu lui-même, le Seigneur Jésus, vient visiter celui qui expire, il se place amoureusement en son cœur, trône de miséricorde où il va être dans un instant le Juge du mourant. Que notre Dieu est bon !

Il le savait, il le comprenait, notre cher malade ! La joie surabondait dans son cœur. Il essayait de l'exprimer à son père et à sa mère. « Que de bénédictions le Ciel m'a envoyées, mes chers parents, mes bons parents!... Avoir reçu trois sacrements en un jour ! O jour précieux ! Comme Dieu est bon ! Il me semble qu'il se familiarise déjà avec moi, afin que je sois libre avec lui, quand il se donnera de nouveau tout entier à moi dans le ciel. »

A ces paroles si touchantes, les personnes présentes osèrent dire : « Oui, cher enfant, tu seras un élu du ciel. » Il répondit : « Je n'ai que l'espoir, et non la prétention d'arriver à la céleste patrie. Il faut être si saint pour y être admis ! Moi qui ne suis rien, si j'avais seulement, à l'exemple de M. de Sully, au moins quelques bonnes œuvres à présenter à l'entrée de l'autre vie ! »

La nuit de cette même journée, il se réveilla après un léger sommeil, et demanda à son père qui le veillait, quelle heure il était. Celui-ci lui répondit : « Onze heures. — Ah ! s'écria-t-il, je suis encore dans mon beau jour. »

Jeunes gens, ou vous, qui que vous soyez, qui lisez ces pages, appelez-vous par avance *votre beau jour* celui où vous recevrez à votre tour le sacrement des mourants ? Croyez-moi, laissez une minute ce livre entr'ouvert ; élevez un moment votre cœur vers Dieu ; demandez-lui avec foi et ferveur, que ces sacrements, que vous négligez peut-être depuis longtemps, ne vous fassent pas défaut à cette heure terrible. Demandez qu'après les avoir reçus, vous puissiez redire également : *Moi aussi, je suis dans mon beau jour !*

Il semble qu'il ne pouvait plus rester pour lui qu'une seule grâce, une seule faveur spéciale, le choix du jour de sa mort. Dieu le fixa ce jour, comme il a fixé celui de tant d'âmes privilégiées, avec une prédilection toute paternelle. A l'enfant de Marie, au pieux congréganiste de l'Archiconfrérie, il accorda de mourir le jour de la Nativité de celle qu'il avait honorée et aimée comme une mère.

Le 8 septembre 1855, restera une journée à jamais impérissable dans l'histoire de nos gloires militaires, nous nous en souviendrons à ce titre immortel ; mais notre cœur y joindra une autre pensée, toute de consolation, et nous remercierons Marie de s'être montrée, en ce jour, la mère de celui que nous aimions.

Après une nuit de souffrances, il avait gagné péniblement le jour. Au moment où sonnait la sainte messe, il parut s'affaisser tellement, qu'on pensait le voir expirer. Cependant il se remit un peu, et à la sortie de la messe toutes les personnes amies, qui venaient de s'approcher de la table sainte, voulurent lui rendre une dernière visite et l'embrassèrent en pleurant. M. le curé vint aussi le voir et l'exhorter une dernière fois, et quand il se retira, Arsène le reconduisit lentement des yeux.

De nouvelles souffrances survinrent ; une potion calmante lui fut donnée par son médecin, ami si empressé ; mais l'agitation n'en devint que plus violente, et alors avec un sourire de gracieuse raillerie : *Pauvre science*, dit-il, *tu ne peux rien pour moi.* Ce furent les dernières paroles intelligibles sorties de sa bouche.

Son médecin, ses parents fondaient en larmes...

Il entra dans une douloureuse agonie qui dura deux heures, et le pauvre enfant rendit l'âme.

*Le pauvre enfant !* J'ai écrit ce mot, la nature me l'a dicté ; mais je n'aurais dû parler que le langage de la foi, je devais dire : *l'heureux enfant !* Les secrets des jugements de Dieu sont impénétrables, il est vrai ; mais l'espérance est là, et je parle au nom d'une bien chère espérance.

Un nom illustre s'est trouvé mêlé à ce modeste récit ; une liaison pieuse s'était formée, par la pensée, entre Arsène Sallandre et le jeune de Sully, depuis longtemps ravi à la terre.

N'est-ce point justice d'unir ces aimables jeunes gens par un même éloge, comme, je l'espère, Dieu

les a unis par une semblable couronne. Cet éloge
ne tombera point de ma plume ; il m'est bien plus
doux de louer Arsène par des paroles sorties du
cœur du saint maître du jeune duc de Sully.
Vivant, il les a prononcées sur son enfant ; ne puis-
je pas dire qu'il me les donne à ce moment du
haut du ciel, pour que je les prononce à mon
tour sur mon enfant ?

« Un véritable fils, par mes sentiments et les
» siens, vient de m'être enlevé... Une seule conso-
» lation me reste ; ce sont les sentiments si religieux
» et les actes de vertu dont j'ai été le témoin. La
» grâce divine qui l'animait, s'est manifestée sen-
» siblement en lui, surtout dans sa longue et dou-
» loureuse maladie. Il a vu le danger, et l'a vu
» avec le courage du chrétien et le calme que
» donne l'onction de la grâce. Ah ! qu'une si belle
» mort fait envie, et que c'est l'acheter bon marché
» que de l'acheter au prix de toutes les privations
» que la religion impose ! Qu'elle est sainte, qu'elle
» est grande, qu'elle est consolante, qu'elle est

» divine, cette religion, quand on la voit changer
» en douceur ce qu'il y a de plus amer ; et élever
» ainsi l'âme à ce qu'il y a de plus sublime, quand
» tout conspire à l'abattre... »

» Nous avons, je l'espère, un élu, un prédes-
» tiné, un ange dans le ciel ; mais nous pleurons
» sur la terre ; Dieu nous a frappés ici-bas, pour
» couronner dans les cieux une vie que sa grâce
» avait rendue pleine par le mérite d'une charité
» bien sincère... »

Jeunes gens, chers élèves de Saint-Charles, vous
surtout qui avez connu et aimé Arsène Sallandre,
conservez en vos cœurs quelque chose du souvenir
d'une telle mort. Priez pour lui et pensez à vous.
Vous espérez la vie ; examinez vos rangs déjà si
nombreux, et voyez si plusieurs places restées
vides ne sont pas pour vous une sévère leçon. Vous
le savez comme moi, nous n'avons pas perdu
qu'un seul des vôtres. Vous avez plus d'un frère
absent pour jamais. Il est d'autres noms sur les-
quels j'aurais pu répandre des larmes et des

louanges. Et maintenant, vous, nos anciens élèves déjà dispersés par le monde, ou vous, qui êtes encore sous nos yeux, vous le pensez bien, chaque année grossira la liste fatale des noms qui n'appartiennent plus à la terre. O mes enfants, quel que soit votre âge, combattez, persévérez; ah, ne soyez pas la proie de l'ennemi !

Il me le semble, nous avons maintenant deux familles : l'une, petit troupeau d'élite est au ciel déjà, je l'espère ; l'autre si nombreuse suit sa route dans la vie. Oh! tous, vivez de manière à ne quitter la terre que pour le ciel ! Ne vous séparez un jour de notre famille militante, que pour augmenter les rangs de notre famille qui est déjà dans la gloire. Enfants de saint Charles ici-bas, puissiez-vous être tous les enfants de saint Charles dans les cieux ! Que cette gloire soit réservée à celui qui nous protége, de nous réunir tous près de lui, et de nous montrer avec allégresse et triomphe à l'éternel Dominateur de toutes choses, en lui disant aussi : *O père, de tous ceux que vous m'avez donnés, je n'ai perdu qui que ce fût.*

Et maintenant la dépouille mortelle de votre ami se consume attendant la résurrection. Mais ses restes si chers, semblent appartenir eux-mêmes tout spécialement à Marie : car tandis que sa pieuse famille voulait qu'à Saint-Charles la plus solennelle bénédiction de l'église rappelât désormais la mémoire d'Arsène et réclamât pour lui une prière ; sur sa tombe, à Colligis, elle élevait à la Reine des anges une chapelle qui fait partie de l'église elle-même. Que dans cette enceinte il repose en paix, tandis que nous intercédons pour lui, s'il en est besoin !

Si parfois il vous arrive de vous agenouiller sur sa tombe, elle vous dira plus éloquemment que toutes mes paroles, en empruntant le langage de nos livres saints, « que la vieillesse ne s'estime point par le nombre des années, mais par une vie sans tache ; que cet enfant privilégié était aimé de Dieu, qui l'a retiré du monde, de crainte que la malice ne changeât son cœur, ou que l'illusion ne trompât son âme. »

*Raptus est ne malitia mutaret intellectum ejus,
aut ne fictio deciperet animam illius.*

Sap. 4. II.

# DISCOURS

SUR LE

## RESPECT DANS L'ÉDUCATION

# DISCOURS [1]



## LE RESPECT DANS L'ÉDUCATION

Prononcé à la distribution des prix
de l'Institution Saint - Charles de Chauny,
le 9 août 1856,

**PAR M. L'ABBÉ VINCENT.**

MESSIEURS,

Je suis heureux de commencer ce discours par
un éloge adressé à vos chers enfants. Vous le

[1] Ce discours, choisi dans une série déjà nombreuse de semblables écrits, a été prononcé et publié au moment même où
je remettais aux élèves de Saint-Charles la *Vie d'Arsène
Sallandre.* J'ai cru bien faire de réunir aujourd'hui ces deux
opuscules. Nos anciens élèves y retrouveront tous leurs souve

savez [1] : la désolation et la ruine se sont répandues sur les rives de nos plus beaux fleuves de France. Tous les cœurs se sont émus en apprenant ces ravages si soudains et si terribles ; et de toute part, sous la généreuse impulsion donnée de si haut, on a voulu répondre par des merveilles de charité à ces prodiges de destruction et de mort.

Vos enfants, messieurs, ont su trouver, sur leurs modestes épargnes de collégiens, une aumône qui est de plus grand prix sans doute que bien des sommes versées à profusion par l'opulence : car l'obole déposée par chacun d'eux a coûté la privation d'un plaisir innocent. N'est-ce point ainsi que la charité est surtout aimable dans le jeune âge?

Non contents d'avoir ainsi payé le tribut de la bienfaisance, vos enfants avaient eu la pensée d'un nouveau sacrifice. Ils avaient voulu renoncer à ces

nirs de cette époque ; et peut-être d'autres lecteurs accueilleront-ils avec bienveillance quelques réflexions sur l'important devoir du *Respect*.

[1] Chacun se rappelle les douloureux désastres auxquels ces paroles font allusion.

récompenses dont l'attrait est magique, à ces prix dont l'attente fait toujours tressaillir le cœur de l'enfant et du jeune homme, disons de l'homme même, messieurs, puisque vous vous associez aujourd'hui aux triomphes ou aux déceptions de vos fils, et que dans un instant vos joies seront si vives ou vos regrets si profonds.

Pour nous, nous devions savoir gré à vos enfants d'une telle marque de bon cœur; nous devions les en féliciter, et je le fais à ce moment avec une grande joie devant vous, convaincu que vous applaudirez à leur pensée. Mais toutefois nous ne pouvions accepter que ces prix si ambitionnés fussent l'objet d'un sacrifice. Les récompenses que nous vous donnons, chers élèves, sont en elles-mêmes peu de chose : mais la difficulté de les mériter, et les luttes à soutenir toute une année, les transforment à vos yeux et vous les rendent précieuses. Aucune raison ne doit détruire ce prestige. Il faut que vous emportiez avec fierté ces couronnes, mémorial d'une noble victoire; il faut que plus tard, dans l'asile solitaire consacré à vos

études , au milieu de mille autres livres , ceux-ci
occupent toujours une place de choix marquée par
le cœur. Il faut que toute la vie un seul regard
suffise pour reporter votre âme attendrie aux travaux et aux joies de votre enfance. Oh ! non, je
n'aurais pas consenti à vous priver de ces souvenirs,
car il me semble que toujours , en les apercevant,
vous penserez à nous. Enfants bien-aimés, nous
aurons vécu ensemble pendant vos plus belles années ; soyez sûrs que je veux traverser l'avenir avec
vous, vivant dans votre pensée, et trouvant place
dans votre cœur. Dans un instant donc , recevez ces
prix : vous les avez mérités.

Mais auparavant je vous dois quelques paroles
pour clore la longue série de nos enseignements
d'une année : je vais m'efforcer de répondre à votre
attente. Je prononcerai devant vous, mes enfants,
un mot d'une hauté valeur; il est à lui seul une
leçon entière; il est l'expression de vos plus importantes obligations : ce mot, c'est le respect. Après
l'avoir défini, je montrerai que le respect est comme
le résumé des devoirs de l'homme, et la sauve-

garde de la société : dans une seconde partie j'en dirai la nécessité et les conséquences dans l'éducation.

Le respect, d'après l'origine latine du mot, exprime un acte extérieur, par lequel l'homme livré à une action qui réclame toutes ses facultés, s'interrompt en quelque sorte dans son travail, et jette, en arrière et tout autour de lui, un regard attentif, pour examiner s'il ne lèse les droits de qui que ce soit. L'homme qui ne respecte pas, marche devant lui sans se soucier d'autre loi que de sa volonté. Il poursuit son but, et ne s'inquiète pas si, dans sa course égoïste, il ne renverse point çà et là quelque victime. L'homme qui respecte, tient compte d'autrui comme de lui-même : il s'avance avec mesure et discrétion et ne pose jamais sur le sol qu'un pied inoffensif.

J'aime l'expression latine, ainsi rapprochée du mot français qui en dérive ; j'y trouve trois pensées qui me paraissent caractériser le respect. J'y vois un acte réfléchi, un acte qui coûte, un acte que rien ne restreint, et qui impose un devoir partout où pour autrui il existe un droit.

Ne serait-on point porté d'abord à regarder le respect comme une pure impression ? N'aurions-nous pas volontiers défini cette impression, un sentiment spontané de déférence, produit en nous par ce qui est grand, surtout comparativement à nous-mêmes? Supériorité d'autrui, infériorité personnelle, ne serait-ce pas là le double élément d'où naîtrait le respect? Se contenter de cette explication serait, je crois, rester à moitié route, et ne pas comprendre le respect dans son acception la plus vraie.

L'émotion est une noble prérogative de notre être. J'aime à voir l'homme incliner avec vénération son front majestueux devant tout reflet de grandeur qui le frappe et lui impose instinctivement. J'aime surtout à voir l'homme, ami de tout ce qui est bien, rechercher autour de lui le moindre vestige de toute grandeur pour l'honorer avec amour.

Un certain degré de force est nécessaire pour

ébranler une passion dans l'homme. Que le respect soit seulement une passion ; et bien des choses passeront inaperçues, sans obtenir de nous l'hommage qu'elles méritent. Le respect est donc avant tout un acte réfléchi. Loin de nous, celui dont l'insouciante légèreté ne connaît le respect, qu'à la condition d'être surpris par un spectacle grandiose qui le déconcerte d'abord. Donnez-moi au contraire cet homme, au cœur sensible et modeste, à la haute pensée, qui sait en chaque homme et en toute chose voiler la petitesse et l'infirmité, pour s'attacher uniquement à l'empreinte de ce qui est grand, cette empreinte fût-elle une ruine. Cet homme qui respecte ainsi, est digne lui-même d'être respecté, soyons-en sûrs. L'homme qui ne respecte pas, s'il doit un tel défaut à l'irréflexion et à l'imprévoyance, est un être superficiel ; il est un être dégradé, si le vice a produit en lui un désenchantement aussi injuste. — Il faut être grand soi-même, pour aller au-devant de toute dignité étrangère, pour se plaire à la rehausser, et lors même qu'il n'en reste que des traces pour se courber encore devant ces vestiges.

Aussi le respect, cet acte de la réflexion et de la volonté, est-il presque toujours l'occasion d'un sacrifice. Nous ne sommes point parfaits ; il ne nous est pas possible d'admirer le mérite des autres sans quelque retour sur nous-mêmes. Si nous nous jugeons inférieurs, nous pouvons en faire l'aveu, sans envie peut-être, mais non sans regret. Si nous nous croyons égaux ou supérieurs, l'amour-propre arrêterait volontiers des hommages qu'il réclamerait pour lui-même. La raison seule et la vertu peuvent nous prescrire l'oubli de nous-mêmes et la déférence à autrui.

Il est étrange combien l'homme mêle l'égoïsme de sa propre cause à toute considération qui paraîtrait devoir être désintéressée. Un des premiers philosophes de l'antiquité grecque a défini un des plus nobles sentiments du cœur, la compassion, la peine que cause un mal étranger, qui pourrait nous atteindre, et que nous redoutons par conséquent pour nous-mêmes. Aristote ajoute, qu'où il n'y a plus de crainte pour soi, là cesse la commisération.

Je ne me porte point caution des assertions du philosophe de Stagyre, je dirai plus : la première fois que je lus ce passage du second livre de sa rhétorique, je repoussai le volume, il me semblait qu'il me donnait froid au cœur et qu'il calomniait notre nature. Pourtant je me mis à le relire et à le méditer, et je l'avoue, mes répugnances cédèrent peu à peu, moins peut-être devant la justesse du principe que devant sa réalité expérimentale.

N'en est-il pas de même dans l'ordre d'idées qui nous occupe? Quelle impression produit souvent tout ce qui a quelque dignité, quelque grandeur? L'orgueil répond, « Que possèdes-tu que je n'envie? Que possèdes-tu que je n'aie? Que possèdes-tu que je ne dédaigne? » Au mérite l'homme oppose donc l'aveu de sa jalousie, ou la comparaison de son égalité, ou le mépris de son arrogance; à moins qu'il n'oppose l'ignorance qui exclut tout désir de l'inconnu.

Le respect détruit toutes ces insinuations de l'orgueil, et nous fait juger des choses sans retour vers nous. Qu'en serait-il donc, si le respect n'était produit que par une admiration qui prévient toute réflexion, et qui ne peut naître que de la considération d'une grandeur en dehors des proportions communes? Le respect véritable, le respect usuel, si je puis parler ainsi, n'attend pas ces rares occasions, aussi s'élève-t-il à la hauteur de la vertu, parce qu'il en porte le cachet distinctif, c'est-à-dire le sacrifice. Le respect nous coûte : c'est la preuve de notre petitesse morale. Mais la vertu humaine ne grandit que sur des ruines, elle est la victoire après le combat : à Dieu appartient la perfection qui ne peut connaître la résistance au mal, et qui est le souverain bien.

Appuyé sur ces bases solides, le respect ne peut être un acte arbitraire ou capricieux ; il s'étend à tout ce qui l'entoure, il est universel. Si nous voulons y prendre garde, ce caractère est essentiel à la vertu. Nulle vertu n'existe, si elle n'est une habitude générale pour celui qui la pratique. Un homme accomplit un acte de miséricorde, louez cet acte ; mais s'il est exceptionnel dans les mœurs de son auteur, ne prononcez pas sur lui le nom de la vertu elle-même, ne parlez ni de sa charité ni de sa douceur. Il n'est aucun homme en effet qui n'agisse parfois sous l'impulsion d'une vertu qui n'est point réellement en lui. Les faits isolés ne sont que des faits ; la vertu ou le défaut n'existe que par l'ensemble des habitudes.

Ainsi en est-il du respect : je n'en proclame la réalité que quand il s'applique à tout ce qui est grand et beau, à tout ce qui est juste et vrai, à tout ce qui est bon et saint. Etablissez au contraire des distinctions injustes, faites acception des personnes ou des choses ; tenez compte des goûts, des inclinations, des humeurs ; et désormais le respect véritable n'existe plus : il est réduit aux proportions d'un entraînement de la pensée ou du sentiment ; il n'est plus une vertu.

Est-ce être téméraire, messieurs, de déclarer que le respect, compris comme je viens de l'expliquer, avec son triple caractère de réflexion, de sacrifice et d'habitude universelle, est véritablement

le résumé des devoirs de l'homme et la sauvegarde
de la société? — Il est en effet tout d'abord la plus
haute expression de la justice, il s'élève jusqu'à
la charité, dont il est un des fondements, il nous
protége alors nous-mêmes à nos propres yeux et
bientôt devient envers Dieu l'un de nos premiers
devoirs.

Tout a été dit, messieurs, sur la justice dans
cette magnifique parole : *Rendez à Dieu ce qui
est à Dieu, et à César ce qui est à César.* Gar-
dons-nous de nous faire de cette grande vertu une
simple idée de nombre et de quantité. Tout n'est
pas terminé quand des chiffres d'exacte propor-
tion sont alignés entre un créancier et un débi-
teur. A chacun son dû ! Mais n'est-il dû ici-bas
que de l'or et de la terre ? Au-dessus des intérêts
matériels et des transactions commerciales, il est
d'autres rapports de justice entre les hommes. Chacun d'eux a sa valeur intellectuelle et morale : une
loi sacrée doit la protéger. C'est la justice placée
dans une sphère supérieure. A chacun son dû ! A
chacun par conséquent, aux yeux de tous, les

droits inaliénables de l'esprit et du cœur. Messieurs, considérer la justice à un tel point de vue, en examiner les devoirs, c'est nommer le respect.

Le respect, en effet, assure à l'homme la jouissance de sa propre dignité. Le respect est un revenu proportionné à son mérite, sur lequel il a le droit de compter ; de même qu'il en doit à son tour le tribut à tout mérite étranger. Sans doute le sage peut s'élever au-dessus de cette grande dette publique, tant ambitionnée du vulgaire, et s'envelopper de sa conscience comme d'une grandeur que rien ne peut détruire et que personne ne peut ravir. Mais de même également le sage peut sans murmurer se voir dépouillé de toute possession terrestre par l'injustice humaine et sourire doucement à la pauvreté. Pas plus que la générosité, la magnanimité ne peut donc être la justification de l'injure.

Le respect conduit l'homme à l'amour de ses semblables, il en devient la base et le soutien. L'amour entre les hommes est la loi suprême. Il s'appelle humanité, quand il n'est que l'expression du

sentiment qui lie un homme à un homme comme
à son semblable. Il s'appelle affection, lorsqu'une
douce chaleur vivifie la première impression et en
fait un sentiment exclusif. Il s'appelle tendresse, si
l'âme s'amollit et se fond à cette flamme brûlante.
Liez entre deux cœurs les liens d'une inaltérable
sympathie, vous avez nommé l'amitié. Dirai-je
plus? La passion est un entraînement violent de
l'âme qui la rend capable des plus admirables sacrifices ou qui la livre aux plus déplorables excès.

L'amour qui s'oublie et se donne, c'est le dé-
vouement. Mais quand il prend des forces surhu-
maines et ne voit plus en l'homme que Dieu lui-
même ; quand il embrasse d'une même ardeur l'humanité tout entière ; quand il est plus fort que
tous les obstacles, que toutes les morts, que tous
les martyres ; quand il oublie le temps, la nature
et la terre et vit pour l'éternité ; ce n'est plus
l'amour de la terre, c'est la charité.

Or, entre Dieu et l'homme, il n'y a qu'un mot,
et il est réciproque, le ciel le dit à la terre, et la
terre le dit au ciel : c'est la charité. Entre l'homme

et l'homme, il n'y a qu'un mot encore, c'est la charité.

La charité s'appuie sur le respect. Le philanthrope agit par estime pour l'humanité, par respect pour la dignité humaine : le chrétien est mû par le sentiment respectueux de la foi qui revêt l'homme de la grandeur de Dieu même.

A plus forte raison toute autre affection a-t-elle besoin d'être fondée sur le respect et sur l'estime. Même l'attachement frivole ou coupable, déterminé par un défaut ou un vice, n'est pas étranger à toute estime. Car l'homme ne se sépare jamais, même dans le mal, des justes procédés de la raison. L'affection véritable repose sur l'estime de qualités sérieuses. Elle ne vit qu'à l'aide du respect, à l'aide par conséquent d'une certaine réserve, d'un certain éloignement qui agrandit le respect, à l'aide même d'une certaine ignorance : car nous ne sommes pas assez parfaits pour être connus sans quelque mystère. Le respect veut en toute chose une mesure pleine de délicatesse.

Oh ! louons le respect, messieurs. Je ne sais

rien de misérable comme la fatuité, qui ne respecte rien par dédain ; comme l'orgueil, qui ne respecte point par sotte complaisance en soi-même ; comme l'ignorance, qui ne respecte point par imbécilité ; comme la légèreté, qui ne respecte point par vide de cerveau. Louons le respect, nous en avons besoin pour nous protéger nous-mêmes.

Pendant de longues années, l'antique philosophie grecque s'était uniquement livrée à des recherches stériles et abstraites que nulle science ne pouvait justifier : un jour vint où le mot fameux du temple de Delphes bouleversa toutes ces vaines études. L'homme aspira désormais à se connaître lui-même. Je plaindrais celui qui ne trouverait pas pour première conséquence de ce grand travail le respect de lui-même.

Oui, c'est un devoir pour nous de comprendre notre élévation et la dignité de notre nature. *Noblesse oblige.* Plût à Dieu que jamais autre ambition n'eût été connue et que l'homme, élevé en quelque manière, n'eût jamais réclamé d'autre prérogative que l'obligation d'une plus haute vertu ! *Noblesse oblige.* Il est des moments difficiles : la pente est glissante vers le mal. A toute sollicitation mauvaise l'homme doit répondre : Je suis trop grand ! Oui, respectons-nous nous-mêmes ; respectons l'âme immortelle, qui fait la principale partie de notre être ; respectons notre cœur et ses nobles penchants ; respectons notre intelligence, qui s'élève à la connaissance de Dieu ; respectons notre corps, compagnon de l'âme. Moins précieuse est la matière qui l'a formé, et plus nous lui devons de dignité morale. L'âme est assez belle pour briller de sa propre splendeur : le limon du corps a besoin de refléter le magnifique éclat des vertus de l'âme.

C'est ainsi que le respect devient un acte religieux : c'est ainsi qu'il devient en quelque sorte le premier acte du grand devoir de l'adoration. Respect envers Dieu, respect pour ses lois, respect pour sa providence, respect pour toutes les manifestations de sa volonté sainte.

J'ai dit le premier acte, je ne sais point encore

si j'ai dit assez ; car en réalité le respect est un
tout complet par lui-même. Il renferme l'obéis-
sance, la soumission, la déférence ; il produit le sacrifice et l'amour : n'est-ce point là l'expression
de tous nos devoirs, aussi bien envers Dieu même
qu'à l'égard des hommes ?

Heureuse donc la société si le respect exerçait
au milieu d'elle tous ses droits ; il en serait la sauvegarde.

Messieurs, l'histoire nous offre à cet égard un
redoutable enseignement. Bien des grandeurs indi-
viduelles ou publiques ont paru sur la scène du
monde ; souvent elles étaient au début comme la
source échappée au rocher de la montagne , faible
et sans renom : bientôt on les voyait s'élever peu à
peu et se fortifier par le respect poūr les hommes
et les institutions, pour les lois et les principes.
Est venu un moment où l'orgueil a enivré l'homme
éminent ou la cité jusqu'alors florissante , la répu-
blique victorieuse ou le royaume dominateur, moment de vertige où la loi du respect était violée ,
et avec le respect disparaissait à l'instant l'homme

ou le peuple. En écrivant ces lignes , ma mémoire évoquait le souvenir des chutes les plus retentis-santes , des catastrophes les plus signalées ; pres-que pas une n'a fait défaut à cette loi : que tout homme , que toute institution qui cesse de res-pecter, est près de sa ruine.

Le respect au contraire maintient, une puissance même mal affermie. Il est d'antiques édifices , ébranlés jusque dans leurs fondations , affaissés sur eux-mêmes , courbés au hasard dans toutes leurs parties , inclinés vers le sol qui a déjà reçu une portion de leurs débris ; cependant un équilibre merveilleux , dont l'œil ne découvre pas le secret , les maintient encore et les conserve : symbole et force du respect.

Messieurs, il y a quelque danger dans des appli-cations trop actuelles des principes les plus justes. Cependant je ne puis omettre une remarque. L'his-toire de notre pays témoigne que pendant une lon-gue période le respect était dans nos mœurs et dans notre sang. Des principes sérieux pénétraient pro-fondément la nation tout entière et possédaient pacifiquement le respect public ; les hommes eux-mêmes, représentants de ces principes, étaient investis de toute leur autorité et de leur grandeur. — Il y a plus d'un siècle, une philosophie sceptique et railleuse a désappris à la nation française le respect de toute chose. Quelle grandeur depuis lors a su rester debout ? quelle dignité a conservé son prestige ? Une ruine immense s'est faite sous la persécution du sarcasme, de l'envie et du sang. L'attaque a été forte, logique et persévérante ; il ne devait pas rester pierre sur pierre. Et n'est-il pas vrai, messieurs, qu'il fallait un miracle de force pour replacer d'un même jet la société entière sur toutes ses bases ébranlées à la fois ? N'est-il pas vrai que si notre pays a reconquis tout à coup une puissance et une gloire que notre souvenir aime à rechercher dans le passé, c'est qu'au milieu de nos ruines l'honneur militaire avait survécu ? Le respect du drapeau nous a sauvés et glorifiés.

Permettez-moi une autre actualité qui complètera ces considérations. Une nation s'élève auprès de nous ; elle est en possession d'une liberté qui pourrait devenir pour elle un immense danger ; elle traverse pourtant avec succès les temps les plus difficiles. Cependant que de périls dans sa vie politique, que d'erreurs dans sa vie religieuse et morale, sans parler des hasards de sa vie industrielle ! Souvent on contemple de loin ce grand édifice social, comme ces tours penchées, chefs-d'œuvre de pondération et de hardiesse; et l'on tremble, quoiqu'il n'y ait peut-être rien à craindre pour des siècles entiers. Expliquez, messieurs, ce grand peuple. Pour moi, je crois qu'on a tout dit avec ces mots : Il vit et prospère, parce qu'il s'admire et se respecte.

*La vie est une résistance à la mort.* Je n'accepte pas sans restriction cette pensée d'un physiologiste bien connu ; mais je dis : Toute société a des éléments de vie, combattus sans cesse par des causes de dissolution. Pour maintenir l'union, condition de la vie, il est une force suprême, la religion. A défaut de la religion, trop souvent méconnue, il est une force morale, moins puissante il est vrai, mais suffisante encore ; parce que Dieu laisse sou-

vent l'action humaine se substituer aux lois naturelles qu'il a données au monde et que nous avons
la liberté de transgresser : cette force, je l'ai mon-
tré, c'est le respect.

Messieurs, cette première partie de mon discours
ne m'a point encore fait prononcer le mot d'éducation. Cependant la question que je me suis pro-
posée a déjà fait un grand pas. En effet, avoir
défini et expliqué le respect, en avoir démontré la
haute portée dans l'ordre moral et dans l'ordre
social, c'est en avoir prouvé la nécessité dans l'éducation : nécessité qu'il me reste à vous exposer,
en considérant le respect comme un ressort et ensuite comme un résultat de bonne éducation.

Si j'appelle le respect un ressort de la bonne
éducation, je veux dire par là que l'enfant doit
trouver le respect de la part de celui qui le forme,
et à plus forte raison que ses relations envers le
maître doivent être fondées sur le respect.

Le respect participe à la nature de deux sentiments opposés, l'amour et la crainte. L'amour

tend à placer au même niveau celui qui aime et celui qui est aimé : il est exposé par là même à la faiblesse et à une facilité déplacée. Le respect tempère l'affection, aussi bien celle qui s'incline vers un âge ou vers un rang inférieur, que celle qui est doucement attirée vers une égalité qui l'élève. Avec le respect, l'une devient confiance et tendresse filiale, l'autre affabilité et paternelle condescendance.

La crainte au contraire met le cœur mal à l'aise et le resserre. La crainte ne doit jamais être l'unique rapport entre le cœur de deux hommes. C'est au respect qu'il appartient d'ennoblir la crainte et d'en adoucir l'impression.

Aussi la famille ne doit jamais s'appuyer sur la crainte, elle ne doit pas non plus reposer exclusivement sur l'amour. Or, la famille, c'est la première éducation; c'est le type et le modèle de toute éducation.

Par la crainte et par l'amour, le maître peut agir sur l'intelligence et sur le cœur de son élève. La crainte seule est un pauvre moyen. Elle fait peser sur l'enfant un joug pénible ; mais une culture aussi difficile portera peu de fruits. L'affection du maître, si elle est seule, ne me rassure pas davantage, elle deviendra faiblesse et impuissance. Voilà pourquoi j'invoque si haut le respect, comme modérateur d'une sage tendresse et d'une douce fermeté.

*Le plus grand respect est dû à l'enfant.* Je cite ces paroles du poëte latin, mais cependant dans un sens différent du sien. Pères et mères, maîtres et précepteurs, nous devons à l'enfant le plus grand respect, parce qu'il a sa dignité à conserver, parce qu'à défaut du respect, notre enseignement est passionné, sans dignité et de peu de fruit.

Tout homme a besoin de dignité. Ce n'est pas en vain qu'il a reçu quelque chose de si noble dans le caractère ! L'enfant possède déjà le sentiment exquis de sa grandeur. C'est une vertu qu'il ne faut pas lui permettre de confondre avec le vice de l'amour-propre. Car si l'orgueil peut l'entraîner dans des excès ridicules ou coupables, le juste sentiment de sa dignité le préservera de bien des fautes.

Entourez donc de tant de délicatesse et de vénération le jeune enfant qui s'entr'ouvre à la vie, qu'il conçoive de lui-même une haute idée morale, et qu'il évite le mal par le sentiment instinctif de la dégradation du vice.

Oh ! la belle éducation que celle qui s'attache ainsi aux beaux sentiments de l'âme ! Il est sur le fruit une cire veloutée qui en fait la plus riche parure ; cueillez le fruit ; ornez-en votre table, mais comment y toucher sans en détruire la beauté ? De quel tact léger effleurer la brillante corolle d'une fleur sans en ternir l'éclat ? Telle est l'âme de l'enfant. Oh ! ne maniez pas sans gêne et sans façon un jeune cœur, il se fanerait tristement à ce contact.

L'enfant d'ailleurs comprend ses droits; il souffre quand il les voit méprisés, d'autant plus qu'il est impuissant à les venger; surtout s'il s'agit d'une intelligence d'élite, d'une nature sensible et fière, la blessure sera difficilement guérie par la main qui l'aura faite.

Respecter l'enfant, c'est respecter son intelligence, en exiger la soumission, il est vrai, mais selon les lumières de cette raison naissante et non par un despotisme arbitraire. — C'est respecter son cœur, l'attirer doucement, le gagner par une confiance volontaire, se donner afin d'acquérir, et croire qu'on n'aura rien fait, tant qu'une aimable persuasion n'aura point captivé le cœur que nous avons à conduire, à protéger et à guérir. — C'est respecter sa liberté : l'élève, enfant ou jeune homme, a droit de jouir de lui-même et de se posséder, aussi bien que l'homme fait, toutes les fois qu'il ne s'écarte pas de la voie qu'il doit suivre. — C'est respecter son caractère : chaque caractère a sa disposition, son attrait, ses ressources; ne tranchez pas au hasard, profitez des éléments qui vous sont offerts, et surtout n'essayez pas de réduire à la même forme tous ceux que vous élevez; l'éducation n'est pas le lit de Procuste. — C'est respecter, je ne dirai pas la candeur de la vertu et l'héureuse ignorance des enfants, je n'ai pas à m'occuper de semblables questions, mais bien respecter à leur égard toutes les convenances. Car il n'est aucun des égards de la bienséance , aucune des prévenances de notre urbanité, qui dans une sage mesure ne doive être scrupuleusement con— servée envers eux : toujours une politesse de bon goût sera un puissant auxiliaire dans l'éducation.

Sans le respect pour l'élève, l'enseignement est exposé aux petites passions que l'homme n'a pas toujours réussi à corriger entièrement en lui , lors même qu'il est investi des hautes fonctions de la direction du jeune âge. Dans la vie du monde les égards mutuels déguisent ces passions. Chaque homme , dans ses relations extérieures sait revêtir une dignité qui le modifie lui-même, au point de faire juger de son esprit et de son cœur par ces apparences d'emprunt. C'est prendre le costume de son rôle sur le vaste théâtre de la vie. Ce n'est point là affecter le mensonge, mais d'ordinaire paraître tel qu'on voudrait l'être. Je n'appelle pas cette dissimulation une hypocrite fourberie, je l'appelle un hommage rendu à la vertu. Car à qui sont réservés ces égards? A ceux que l'on respecte.

Quand le respect a cessé envers un homme, on ne se donne plus l'embarras de feindre.

Aussi, sans le respect, toute société est impossible, et par là même, toute éducation; car si le maître n'a su jusqu'alors remporter sur toutes ses passions une victoire complète, ce n'est qu'à l'aide du respect pour l'élève qu'il prendra l'extérieur des vertus qui pourraient lui faire défaut.

Le respect du maître pour l'élève donne à l'enseignement une véritable grandeur morale. L'élévation du point de départ d'un corps qui tombe dans l'espace, donne à sa chûte une sorte de pesanteur, effet de la vitesse qu'il acquiert. Ainsi en est-il de la parole ; pour l'enfant surtout elle a besoin de venir de haut ; c'est le respect pour la parole qui en assure le résultat.

Mais si tel est le devoir du maître envers l'élève, à plus forte raison dirai-je à l'élève que par justice, par reconnaissance, par intérêt même, il doit à son maître un inviolable respect.

C'est justice! l'homme est libre, mais il n'est pas indépendant. Il vient de Dieu, il dépend de

Dieu ; il vit en société, il dépend de la société ; il existe par la famille, il dépend de la famille ; enfin il ne se développe que par l'enseignement, donc il doit déférence et respect à celui par qui lui vient l'enseignement. — C'est justice, car en Dieu repose le principe de toute autorité ; l'autorité légitime est un mandat de Dieu même. Qu'on appelle cette puissance, loi, gouvernement, famille, enseignement ou éducation, l'homme disparaît sous l'idée de Dieu même et parle au nom de ces principes souverains.

Mais, mes chers enfants, le cœur n'a pas besoin d'un langage aussi imposant. Vous nous êtes attachés par des liens si étroits, qu'un sentiment plus doux, celui de la reconnaissance, vous prescrit le respect pour celui dont les lèvres vous dictent les préceptes de la vertu et révèlent les éléments de la science humaine Celui qui vous instruit, forme votre intelligence ; celui qui vous élève, vous donne d'être réellement un homme par le cœur. Vous recevez à la fois la vie intellectuelle et la vie morale ; je dois dire plus, vous recevez de Dieu par lui l'enseignement de l'immortalité. Enseigner c'est se donner, se sacrifier tout entier; enfants, votre maître a besoin de recevoir un échange et il ne veut rien de moins que vous-mêmes. Il veut votre esprit, votre cœur, votre foi : il veut goûter en vous les prémices des fruits qu'il fait éclore. Voilà pourquoi il aspire à recevoir de vous la reconnaissance, et la reconnaissance ici ne peut se séparer du respect.

Le respect envers votre maître est d'ailleurs de votre plus cher intérêt, c'est un moyen sûr de faire fructifier en vous sa parole, car la persuasion ne vient pas seulement de la leçon donnée, elle découle de l'autorité morale que nous accordons à celui dont la voix frappe nos oreilles. Aimer et respecter, c'est pour vous, chers enfants, le secret du progrès. Oui, croyez-moi, livrez vos pensées à celui qui doit les diriger. La force du respect est telle que chaque jour bien des hommes sont entraînés à d'opiniâtres erreurs par l'autorité de celui qui les séduit.

Des siècles entiers ont répété une belle parole, trop souvent, je l'avoue, et quelquefois à tort, mais il ne fallait pas tant la leur reprocher : *Le maître l'a dit !* Le temps est passé, où l'autorité d'un nom terminait toute controverse. Mais heureux le maître qui entend autour de lui quelque chose de cette même parole et qui trouve dans le respect de ses élèves la certitude de leurs succès.

C'est ainsi, messieurs, que j'ai nommé le respect un ressort puissant de la bonne éducation, il en est aussi une conséquence.

Le sentiment du respect est toujours la preuve d'un cœur droit et d'une âme élevée, il appartient à un homme d'un grand tact et d'un goût parfait. La vertu chrétienne le développe dans toute sa perfection, mais l'éducation doit le produire. L'éducation est aux vertus comme l'instruction classique est aux sciences humaines. Celle-ci ne donne guère que l'aptitude à étudier et à apprendre ; l'autre détruit les obstacles, donne les principes généraux, initie aux plus importantes pratiques.

Le respect produit par la bonne éducation deviendra de la sorte une des premières qualités de l'homme fait. Jeunes gens qui nous quittez, qui vous séparez dès aujourd'hui de la vie du collége pour entrer dans la vie tout autrement difficile du monde, à vous spécialement ces paroles : écoutez.

Vous pénétrez dans un monde que vous ne connaissez pas. Vous y entrez les plus jeunes, par conséquent inférieurs à tous. Vous y entrez avec quelques talents peut-être, avec certaines connaissances ; mais l'expérience vous manque. Vous y entrez avec l'espérance ; pleins d'ardeur et de confiance, vous vous précipitez dans l'espace et dans l'avenir ; mais à votre âge on est téméraire et présomptueux. Vous y entrez avec candeur et simplicité ; vous ignorez que beaucoup s'apprêtent à sourire de votre crédule naïveté, vous ignorez que beaucoup ne comprennent plus les touchantes aspirations d'une âme jeune et vertueuse. Ces hommes rient de la vertu comme du vice, et leur rire est amer : leur souffle est brûlant, il flétrit sur sa tige le jeune cœur qui le respire. Mais aussi combien de nobles cœurs vous rencontrerez, combien vous admirerez de vertus sublimes, soit au sanctuaire des familles, soit dans le torrent de la vie publique ! Vous entrez dans le monde, avides de voir, de connaître, de trouver, de posséder, d'éteindre toutes les soifs encore mal comprises de vos jeunes âmes. Prenez garde ! Vous parlez, le monde se tait ; vous agissez, le monde attend ; vous vous précipitez, le monde vous observe.

Au milieu de tant de difficultés, je vous dirai encore un seul mot, et il suffit : respectez !

Respectez ! C'est-à-dire, entrez dans la vie avec la modestie qui convient à votre âge et à votre inexpérience. Loin de vous sans doute la crainte qui paralyse les forces ; mais loin de vous surtout la présomption qui mène promptement à la ruine. — Respectez ! C'est-à-dire, accordez à chacun des égards pleins de convenance et de dignité, et ne vous réservez que le sacrifice. Soyez-en sûrs, tous les hommes de sens sauront vous apprécier et vous aimer : car il n'est pas un homme de bien qui ne se fasse un bonheur et un devoir de tendre la main au jeune homme modeste et vertueux.

Respectez ! C'est-à-dire, accordez à ceux de qui vous allez dépendre, et en qui vous rencontrerez des maîtres, sachez-le, après n'avoir trouvé que des amis et des pères au foyer de la famille et du collége, accordez-leur une généreuse soumission, qui honore votre bon sens et la droiture de votre cœur.

Respectez ! C'est-à-dire, en prenant part désormais à la vie publique, ne croyez pas, comme l'ont fait tant de jeunes gens égarés, ne croyez pas que la raillerie pour ce qui est autorité soit de convenance et de bon goût ; ne croyez pas, que la légèreté soit un droit de votre âge, quand elle s'attaque aux principes de l'ordre social et à la gloire du pays. C'est un fait déplorable de nos dernières années : la société a dû se défier de l'élite savante d'une jeunesse de qui elle n'avait à attendre que le sang le plus pur et le plus généreux dévoûement.

Respectez ! C'est-à-dire, respectez-vous vous-mêmes. Vous emportez de l'enceinte qui vous a vus grandir, un riche trésor de bonnes mœurs. On vous dira que le temps de la contrainte est passé, qu'il est de votre âge de goûter les plaisirs. O jeunes gens ! respectez-vous vous-mêmes. Libre à vous, je le sais, d'aller grossir la multitude de ceux qui à votre âge ont profané tout ce qu'il y avait en eux de beau et de saint. Libre à vous de condamner votre corps et sa riche santé à une ruine précoce, votre intelligence si fière à la servitude d'ignobles passions, votre cœur que Dieu réclame et qui ne doit connaître que de pures affections, à toutes les profanations d'un mot que je ne prononcerai pas. Jeunes gens ! respectez-vous, fuyez de tels excès : malheureusement les usages de la société vous les pardonneraient ; mais quand l'âge mûr succédera à la jeunesse, si vous n'entriez dans la vie solennelle du père de famille qu'avec les débris d'un cœur gâté, oh ! malheur mille fois sur de si tristes égarements !

Respectez ! C'est-à-dire, rendez à Dieu ce qui est à Dieu. Même en ces solennités littéraires, jamais le prêtre n'oubliera l'occasion d'une parole de foi. Respectez Dieu, respectez la religion ; toujours soyez non-seulement des hommes, mais des chrétiens.

Messieurs , mes paroles aujourd'hui ont été bien graves, je le sens ; mais le sujet que j'avais à traiter ne comportait que de sérieuses réflexions. Le respect d'ailleurs appartient à un ordre d'idées qui sont rarement les bienvenues, parce qu'elles nous imposent des sacrifices , quoique dans ces sacrifices se trouve pour nous une véritable dignité.

Mes chers enfants, ai-je besoin de vous rappeler, en terminant, qu'il est un respect sans doute bien cher à votre cœur, je veux dire 'le respect filial? Ne croyez pas que vous ayez jamais assez aimé quand vous n'aurez pas assez respecté. Allez, dès ce moment, réjouir votre père et votre mère, en leur prouvant que cette année ne s'est point écoulée pour vous sans quelque fruit.

Quand vous rentrerez près de nous, vous vous direz que le temps heureux des vacances a été bien court. Tâchez que votre père et votre mère éprouvent un regret aussi vif, et ne se consolent, en vous perdant de nouveau pour quelques mois, que par l'espérance de vous retrouver meilleurs chaque année. Et pour nous, ne nous séparez jamais de vos parents dans vos souvenirs d'amour et de respect; qu'eux-mêmes, en vous aimant, veuillent bien nous unir à cette affection qu'ils vous portent! Pour la terre, nous ne formons pas d'autres vœux.

FIN

# TABLE

# VOLUMES IN-12

☞ En envoyant le prix en un mandat de la poste ou en
timbres-poste, on recevra *franco* à domicile.

# BIBLIOTHÈQUE DE LILLE — 1861

35ᵉ année

**12 VOLUMES** in-12, brochés, ornés de gravures. **PRIX : 6 Fr.**

(franc de port par la poste : br. 7 fr. 50. – cart. *en* 10 *vol.* 9 fr. 50.)

On s'abonne à **LILLE**, chez **L. LEFORT**, Imprimeur-Libraire,
et chez les principaux **Libraires**.

## Ont paru :

**en Janvier**
1ʳᵉ LIVRAISON

- M. DESGENETTES, curé de N.-D.-des-Victoires. in-12. fig.
- L'ÉTRANGÈRE DANS SA FAMILLE. in-12. fig.
- TROIS PROVERBES. in-12. *vignette.*

**en Avril**
2ᵉ LIVRAISON

- ARSÈNE SALLANDRE. in-12. fig.
- LES ORPHELINS DE MONTFLEURI. in-12. fig.
- M. OLIER, curé de Saint-Sulpice. in-12. *vignette.*

## A paraître :

**en Juillet**
3ᵉ LIVRAISON

- LE FOYER. in-12. fig.
- LE BIENHEUREUX JEAN-BAPTISTE DE ROSSI. in-12. fig.
- LA TABLE DE SAPIN. in-12. *vignette.*

**en Octobre**
4ᵉ LIVRAISON

- ANGÈLE DE LA CLORIVIÈRE. in-12. fig.
- RACINE ; sa vie intime et sa correspondance avec son fils. in-12. fig.
- TROP PARLER NUIT. in-12. *vignette.*

Chaque livraison est composée de 3 volumes in-12.

----

La COLLECTION COMPLÈTE, depuis son origine jusqu'en octobre 1860 *inclusivement*, se compose de **632** volumes (560 vol. in-18 et 72 vol. in-12, en 459 ouvrages différents et inédits).

Prix des **632** volumes brochés.  .  .  . 204 fr. »
—  — cartonnés solidement en 325 vol. 255  »

Franc de port par toute la France.

☞ Un Catalogue raisonné, qui facilite la connaissance, le classement et la distribution de tous les ouvrages, est joint *gratuitement* à l'envoi de chaque collection.

☞ *Tous les ouvrages se vendent séparément.*

— Lille Typ. L. Lefort. 1861 —